방랑을 위한 산책

일러두기

* 본 도서는 국립국어원의 표기 규정과 외래어 표기 규정을 따랐습니다. 다만 일부 용어는 입말을 고려하여 쓰였습니다.
* 단행본은 『 』, 글, 노래, 예술 작품 제목은 「 」, 공연 제목은 〈 〉로 표기하였습니다.
* 고유명사, 지명, 인물은 독일어 표기가 있는 경우 독일어를 우선으로 따랐습니다.
* 모든 부제는 새롭게 붙인 것으로 원문의 의도를 해치지 않는 범위 안에서 편집하였습니다.

편역자 김원형

베를린에서 미술사와 사회학 학사를 마치고, 현재 대학원에서 박물관학을 공부 중이다.

방랑을 위한 산책

헤르만 헤세 지음
김원형 편역

Spaziergänge
für die Wanderschaft

헤르만 헤세가 걷고 보고 사랑했던
세계의 조각들

지콜론북

Contents

1장

방랑자의 사색

2장

고요한 산의 노래

3장

여행의 단상

방랑의 부름에 답하다

헤르만 헤세가 남긴 내면의 풍경

헤르만 헤세에게 젊은 날의 여행은 인간 본질에 대한 탐색이었고, 대상을 통해 자신을 마주하는 여정이었다. 하지만 노년에 이르러 그는 말한다. 모든 방랑과 여행은 사실 도피였노라고. 다만 그것은 자기 자신으로부터의 도피는 아니었다. 그가 발 딛고 있는 시대, 곧 기술과 돈, 전쟁과 탐욕이 지배하는 세계로부터의 도피였다.

헤세는 그 시대를 끝내 받아들이거나 사랑할 수 없었다. 다만 조용히 견뎌낼 뿐이었다. 여행은 그를 이러한 시대로부터 온전히 벗어나게 해주지는 못했다. 그에게 여행은 목표를 향해 나가는 일이 아니라, 그 여정 자체를 살아내는 방랑으로만 주어졌을 뿐이다.

다만 그 속에서 스쳐 지나가는 풍경과 우연한 만남, 길 위에 흩어진 찰나의 아름다움을 놓치지 않는 것이야말로 진정한 '여행의 기술'이라고 그는 말한다.

이 책은 헤세가 스위스와 독일 남서부를 거닐며 남긴 기록을 담고 있다. 점차 여행에 대한 환상은 사라지고, 그가 마주한 현실의 풍경과 감정은 더욱 깊고 고요하게 가라앉는다. 헤세의 글은 어떤 장소에 대한 안내서가 아니다. 오히려 그곳의 초원과 흐르는 물, 가파른 언덕과 골짜기를 통해 오래된 고향을 떠올리고, 내면의 풍경을 응시한 기록에 가깝다.

당신도 헤세와 함께 걷는 마음으로 이 책에 잠시 머물게 되기를 바란다. 목적지를 향해 걷기보다는, 지금 이 순간을 온전히 살아내는 방랑자처럼.

여행의 기술

목적 없는 방랑은 젊은 날의 기쁨,
젊음과 함께 내 안에서 바래졌네.
그 후로 내가 어딘가로 떠난 건
목표와 의지가 분명할 때뿐이었네.

그러나 오직 목표만을 바라보는 시선은
방랑의 달콤함에 닿지 못하고,
숲과 강, 길 위에 깃들어 놓여 있는
모든 빛나는 것들을 스쳐 지나가게 한다네.

이제 나는 계속해서 방랑하는 법을 배워야 하네.
순간의 순수한 빛이
동경하는 별들 앞에서 바래지지 않도록.

이것이야말로 여행의 기술일지니.
세계의 흐름으로부터 함께 달아나며,
잠시 쉬어가는 순간에도
사랑하는 먼 곳을 향해 여전히 길 위에 있는 것.

Reisekunst

Wandern ohne Ziel ist Jugendlust,

Mit der Jugend ist sie mir erblichen,

Seither bin ich nur vom Ort gewichen,

War ein Ziel und Wille mir bewusst.

Doch dem Blick, der nur das Ziel erfliegt,

Bleibt des Wanderns Süße ungenossen,

Wald und Strom und aller Glanz verschlossen,

Der an allen Wegen wartend liegt.

Weiter muss ich nun das Wandern lernen,

Dass des Augenblicks unschuldiger Schein

Nicht erblasse vor ersehnten Sternen.

Das ist Reisekunst: im Weltenreihn

Mitzufliehen und nach geliebten Fernen

Auch im Rasten unterwegs zu sein.

Betrachtungen

eines

Wanderers

1장

방랑자의 사색

농가

약속으로 가득 찬 바람이 불어오는 곳

이 집에서 나는 작별을 고한다. 이제 오랫동안 이런 집을 만나지 못할 것이다. 알프스를 넘어가는 고갯길에 가까워질수록 북부 독일식 건축 양식도 끝나기 때문이다. 독일의 풍경과 독일어와 함께.

경계를 넘는 것은 얼마나 아름다운가. 방랑자는 여러 면에서 원시적인 사람이다. 마치 유목민이 농부보다 원시적인 것처럼. 그러나 유목민은 정착을 극복하고 국경을 경멸하는 나와 같은 부류의 사람들을 미래의 길잡이로 만든다. 만약 많은 이들이 내가 느끼는 것처럼 살아 있는 존재를 억지로 가르는 국경에 대해 깊은 경멸을 품고 있다면,

전쟁과 봉쇄는 더 이상 존재하지 않을 것이다. 국경보다 더 어리석고 증오스러운 것도 없다. 그것들은 대포나 장군과 다를 바 없다. 이성과 인간성, 그리고 평화가 지배하는 한, 우리는 국경을 무의미한 것으로 여기고 비웃는다. 하지만 전쟁과 광기가 일어나는 순간, 그것들은 갑자기 중요하고 신성한 것이 된다. 전쟁이 일어나는 동안 국경은 우리 방랑자들에게 감옥이자 고통이 된다. 악마가 그들을 데려가길.

나는 이 집을 노트에 그린다. 그리고 마지막으로 독일식 지붕과 박공, 그 안에 깃든 여러 친근함과 고향의 정취로부터 작별을 고한다. 떠나기 전 다시 한번 이 모든 것을 더욱 깊은 애정으로 눈에 담는다. 하지만 내일이면 나는 또 다른 지붕과 오두막을 사랑하게 될 것이다. 나는 연애편지처럼 내 마음을 여기에 남겨두지 않을 것이다. 아니다, 나는 내 마음을 가져갈 것이다. 산 너머에서도, 매 순간 그것이 필요할 테니까. 왜냐하면 나는 유목민이지 농부가 아니기 때문이다. 나는 불충, 변화, 공상을 숭배하는 사람이다. 그렇기에 내 사랑을 지구의 어느 한 지점에만 묶어두는 것을 옳지 않다고 여긴다.

우리가 사랑하는 것은 언제나 단지 비유일 뿐이다. 우리의 사랑이 머물러 충성과 미덕이 되는 곳, 그곳에서 그것은 내게 의심스러워진다.

행복은 농부에게 있을 것이다. 소유하고 정착한 자에게도, 충직하고 덕이 있는 자에게도 행복이 있으리라. 나는 농부를 사랑할 수 있고, 존경할 수도 있고, 그를 부러워할 수도 있다. 하지만 그들의 덕을 본받으려 애쓰다 내 인생의 절반을 잃어버렸다. 나는 내가 아닌 존재가 되고자 했다. 시인이 되고 싶었으나 시민도 되고 싶었다. 예술가이자 공상가가 되고 싶었으나 동시에 덕도 갖추고 고향의 즐거움도 누리고 싶었다. 그러나 두 가지를 모두 가질 수는 없었다. 나는 농부가 아닌 유목민이고, 지키는 자가 아닌 탐색자라는 사실을 깨닫기까지 오랜 시간이 걸렸다.

나는 오랫동안 단지 우상에 불과했던 신들과 법칙 앞에서 스스로를 괴롭혔다. 그것은 나의 오류였고, 고통이었으며 세상의 비참함에 대해 나 역시 일말의 책임이 있었다. 나는 자신에게 폭력을 가함으로써 구원으로 가는 길을 감히 시도조차 하지 않았다. 그것은 세상의 죄와 고통을 증가

시켰다. 구원의 길은 좌로도 우로도 향하지 않는다. 그것은 자기 내면으로 가는 길이다. 오직 그곳에서만 신을 찾을 수 있고, 오직 그곳에서만 평화가 존재한다.

산에서 아래로 불어오는 습한 바람이 나를 스쳐 지나간다. 저편 하늘에는 푸른 구름 섬들이 다른 나라를 내려다본다. 저 하늘 아래에서 나는 종종 행복을 누릴 것이고, 때때로 향수鄉愁를 느낄 것이다. 나와 같은 부류의 완벽한 인간, 순수한 방랑자라면 향수를 알지 못해야 할 것이다. 하지만 나는 그것을 알고 있고, 완벽하지 않으며, 완벽해지려 노력하지도 않는다. 내 기쁨과 마찬가지로 그저 향수도 음미하고 싶다.

나를 향해 불어오는 이 바람은 세상과 먼 곳, 분수령과 언어의 경계, 산맥과 남쪽의 경이로운 향기를 품고 있다. 그것은 약속으로 가득 차 있다. 작은 농가와 고향의 풍경이여, 안녕히! 나는 어머니를 떠나는 젊은이처럼 너에게 작별을 고한다. 그는 떠날 때가 왔음을 알면서도, 그리고 떠나고 싶어 하면서도 끝내 어머니를 완전히 떠날 수 없음을 알고 있다.

산길에서

타오르는 그리움

작은 길 위로 바람이 불어온다. 나무와 관목은 뒤에 남겨져 이곳에는 오직 돌과 이끼만이 자리 잡고 있다. 이곳에서는 아무도 무언가를 찾지 않으며, 이곳을 소유한 이도 없다. 농부도 이 높은 곳에서 건초나 장작을 쥐고 있지 않다. 그러나 저 멀리에서 불어오는 바람과 타오르는 그리움이 맴돌고 있다. 이 작은 길은 다른 계곡과 집, 다른 언어와 사람들에게로 이어진다.

나는 고개 정상에서 멈춘다. 길은 양쪽으로 뻗어 있고, 물도 양쪽으로 흐른다. 이곳에 함께 있는 것들은 두 개의 다른 세계로 각자 자신의 길을 찾는다. 내 신발이 스친 작은 웅덩이의 물은 북쪽으로 흐르고 그 물은 머나먼 바다로 향한다. 바로 옆의 작은 눈 조각은 남쪽으로 흘러내려 리구리아해안이나 아드리아해안으로 떨어지고, 아프리카가 그 경계인 바다로 흘러든다.

하지만 결국 세상의 모든 물은 다시 만나고, 북극해와 나일강은 습한 구름의 비행 속에서 다시 만나 흐른다. 이 오래되고 아름다운 비유는 나에게 이 순간을 신성하게 만든다. 모든 길은 우리 방랑자들을 집으로 이끈다. 내 시선은 아직 어디든 선택할 수 있고, 여전히 북과 남에 속해 있다. 오십 걸음 후에는 오직 남쪽만이 내게 열릴 것이다. 남쪽의 푸른빛 계곡은 얼마나 신비롭게 숨 쉬는지. 내 심장이 그쪽으로 뛰고 있다. 호수와 정원의 예감, 와인과 아몬드의 향기가 나를 끌어당긴다. 그리움과 로마로의 여정에 대한 오래되고 성스러운 이야기가 내 안에서 울려 퍼진다.

청년 시절로부터 기억들이 먼 계곡에서 들려오는 종소리처럼 번져간다. 첫 남쪽 여정의 도취, 푸른 호수 곁의 풍부한 정원 공기를 취하듯 들이마시던 순간, 창백해지는 설산 너머로 먼 고향을 향해 저녁에 귀 기울이던 것! 고대의 성스러운 기둥들 앞에서의 첫 기도! 갈색 바위 뒤의 포말치는 바다를 첫 꿈같은 광경!

그 도취는 사라졌다. 내 모든 사랑하는 이들에게 아름다운 멀어짐과 나의 행복을 보여주고 싶은 욕망도 사라졌다. 내 마음속에는 더 이상 봄이 아니다. 여름이다. 이국의 인사가 다르게 들려온다. 내 가슴 속 그 메아리는 더욱 조용하다. 모자를 공중에 던지지 않는다. 노래를 부르지 않는다.

하지만 미소 짓는다. 입으로만이 아니라, 영혼으로 눈으로 온몸의 피부로 미소 짓는다. 그리고 올라오는 향기로운 대지에 이전과는 다른 감각을 내어준다. 더 섬세하고, 더 조용하고, 더 예리하고, 더 숙련되고, 더 감사하는 감각을.

이 모든 건 이제 그때보다 더 깊이 내게 속해 있다. 더 풍요롭고 수백 배의 뉘앙스로 나에게 말을 걸어온다. 이제는 그리움에 취해 희미하게 먼 곳에 꿈의 색을 덧칠하지 않는다. 내 눈은 지금 여기 머물며 만족한다. 왜냐하면 마침내 보는 법을 배웠기 때문이다. 세상은 그때보다 더 아름다워졌다. 정말로 세상은 더 아름다워졌다.

　나는 혼자지만 그 고독이 나를 아프게 하진 않는다. 다른 무엇도 바라지 않는다. 나는 태양이 나를 향해 온전히 쏟아져도 감당할 준비가 되어 있다. 성숙해지기를 갈망하며 죽을 준비가 되어 있으며, 다시 태어날 준비가 되어 있다. 세상은 더 아름다워졌다.

＠～

마을

오직 사랑만을 사랑하리

산 남쪽의 첫 번째 마을. 여기서 비로소 내가 사랑하는
떠도는 삶이 시작된다. 목적 없는 배회, 햇살 가득한 휴식,
자유로운 방랑자의 삶. 나는 배낭 하나로 살아가며, 단
이 닳아서 해진 바지를 입고 다니는 걸 무척이나 좋아한다.

주점에서 와인을 한 잔 가져와 바깥에서 마시는 동안,
문득 페루치오 부소니Ferruccio Busoni◆가 떠오른다. "당신은
참 시골 사람처럼 보이네요." 우리가 마지막으로 만났을 때
그 다정한 사람이 약간의 아이러니를 담아 내게 말했다. 그

◆　이탈리아 피아니스트, 작곡가.

리 오래전은 아니고, 취리히Zürich에서였다.

우리는 익숙한 레스토랑에 함께 앉아 있었고, 안드레 아에Andreae가 구스타프 말러Gustav Mahler의 교향곡을 지휘했다. 나는 다시 부소니의 창백한 유령 같은 얼굴과 우리가 오늘날에도 여전히 가진 가장 빛나는 이 반 속물주의자의 경쾌한 의식에 기뻐했다. 이 기억이 어떻게 여기까지 오게 되었을까?

알고 있다. 내가 생각한 건 부소니도 취리히도 말러도 아니다. 불편한 것에 다다를 때 기억은 헛된 환상을 만들어낸다. 그럴 때 기억은 무해한 이미지들을 전면에 내세우길 좋아한다. 이제 알겠다. 그 레스토랑에는 밝은 금발에 매우 붉은 볼을 가진 젊은 여인도 앉아 있었는데, 나는 그녀와 한 마디도 나누지 않았다. 천사여, 그녀를 바라보는 것은 즐거움이자 고통이었다. 그 한 시간 동안 나는 그녀를 얼마나 사랑했던가. 나는 다시 열여덟 살이 되어 있었다.

갑자기 모든 것이 명확해졌다. 아름답고, 밝은 금발에, 유쾌한 여인이여. 더 이상 그대 이름을 기억하지 못한다. 하지만 나는 그대를 한 시간 동안 사랑했고, 오늘 산골 마을의 햇살 가득한 작은 길에서 다시 한 시간 동안 그대를 사랑한다. 어느 누구도 나보다 그대를 더 사랑한 사람은 없었고, 어느 누구도 나처럼 그대에게 무조건적인 권한을 준 적이 없었다. 하지만 나는 배신할 운명이다. 나는 한 여인이 아니라 오직 사랑만을 사랑하는 부유하는 사람이다.

우리 방랑자들은 본래 이런 존재다. 우리의 방랑 욕구와 유랑자 기질은 대부분 사랑, 에로스에서 비롯된다. 여행의 낭만이란 절반은 모험에 대한 기대고, 다른 절반은 에로틱한 것을 변형시키고 해소하고자 하는 무의식적 충동이다. 우리 방랑자들은 사랑의 소망을 바로 그 실현 불가능성 때문에 품는 데 능숙하고, 본래 여인에게 속했을 그 사랑을 마을과 산, 호수와 협곡, 길가의 아이들, 다리 위의 거지, 목초지의 소, 새, 나비에게 장난스럽게 나누어주는 데 능숙하다. 우리는 사랑을 대상으로부터 분리하며, 사랑 그 자체로 충분하다. 마치 우리가 방랑에서 목적지를 찾지 않고 방랑 자체의 즐거움, 길 위에 있는 것만을 찾는 것처럼.

싱그러운 얼굴을 가진 젊은 여인이여, 나는 그대 이름을 알고 싶지 않다. 나는 그대에 대한 내 사랑을 품고 키우고 싶지 않다. 그대는 내 사랑의 목적지가 아니라 그 원동력이다. 나는 이 사랑을 나누어준다. 길가의 꽃들에게, 와인잔 속의 햇살 반짝임에게, 교회 탑의 붉은 양파 모양 지붕에게. 그대는 내가 세상을 사랑하도록 만든다.

아, 어리석은 말이구나! 나는 오늘 밤, 산장에서, 금발 여인을 꿈꾸었다. 나는 미친 듯이 그녀에게 사랑에 빠져 있었다. 그녀가 내 곁에 있었다면, 나는 모든 방랑의 즐거움과 함께 내 남은 인생을 모두 내주었을 것이다. 온종일 그녀를 떠올린다. 그녀를 위해 와인을 마시고 빵을 씹는다. 그녀를 위해 작은 노트에 마을과 탑을 그린다. 그녀를 위해 신께 감사한다. 그녀가 이 세상에 존재한다는 것, 그리고 내가 그녀를 만날 수 있었다는 것. 그녀를 위해 나는 노래를 짓고, 이 짙은 붉은빛 와인에 취할 것이다.

이제 분명해졌다. 처음으로 남쪽에서 맞이한 내 즐거운 휴식은 산 너머 밝은 금빛 머리카락을 가진 그녀를 향한 동경 속에 자리하고 있음을. 그녀의 싱그러운 입술이여, 얼마나 아름다웠던가! 이 가난한 삶은 얼마나 아름답고, 얼마나 어리석으며, 또 얼마나 마법 같은가!

다리

저녁 하늘이 속삭이는 노래

다리 위로 난 도로는 산속 개울을 가로지르고 폭포를 지나 이어진다. 예전이 이 길을 익숙하게 걸어본 적이 있다. 그 여러 번 중에 잊을 수 없는 특별한 경험이 한 번 있다. 전쟁 중이던 그때, 내 휴가는 끝나가고 있었으며 나는 다시 돌아가야만 했다.

제시간에 복귀하여 근무하기 위해 시골길과 철도를 따라 발길을 재촉했다. 전쟁과 직무, 휴가와 소집, 붉은 쪽지와 녹색 쪽지, 고위 장성과 장관, 장군, 사무실. 얼마나 비현실적이고 그림자 같은 세계였던가. 그러나 그 세계는 실재했고, 대지를 독으로 물들였으며, 나 같은 작은 방랑자와 수채화 화가조차도 나팔 부는 힘을 가져야 했다.

그곳에는 초원과 포도밭이 있었고, 다리 밑 시냇물은 어둠 속에서 흐느꼈다. 젖은 관목은 떨림으로 바람을 맞이했다. 사라져가는 저녁 하늘은 장밋빛으로 차갑게 물든 채 펼쳐져 있었고, 곧 반딧불이의 시간이 다가오고 있었다.

이곳에 내가 사랑하지 않는 돌은 하나도 없다. 폭포의 물방울 중에 나의 감사함을 품지 않은 것도 하나 없었다. 모두 신의 방에서 직접 왔으리라. 하지만 그것은 결국 아무것도 아니었다. 젖은 관목에 대한 나의 사랑은 그저 감상적인 것이었고, 현실은 완전히 다른 모습이었다. 그 현실은 전쟁이라는 이름으로 불렸다. 장군이나 하사관의 입을 통해 나팔 소리가 울려 퍼지면, 나는 달려야만 했다. 세상의 모든 계곡에서 수천 명이 달려야만 하는 위대한 시대가 도래한 것이다. 우리, 이 불쌍하고 선한 존재들은 계속해 달렸고, 시대는 더욱 위대해졌다.

그러나 여행 내내 다리 아래에서 흐느끼는 물소리는 내 가슴속에서 노래했다. 저녁 하늘의 차가운 공기는 달콤한 피로감으로 물들었고, 모든 것은 결국 어리석고 슬펐다.

이제 우리는 다시 길을 떠난다. 각자의 시냇가를 따라, 각자의 길 위에서. 고요하고 한층 더 지친 눈으로 낡아버린 세계를, 관목이 우거진 초원 비탈을 바라본다. 우리는 땅속에 잠든 친구들을 떠올리지만, 그것이 결국 필연이었다는 사실을 받아들인 채, 슬픔을 짊어지고 걸어간다.

그러나 하얗고 푸른 물줄기는 갈색 산을 따라 오래된 노래를 부르듯 속삭이며 흘러내린다. 덤불 속에는 검은 지빠귀가 가득하다. 이제 더는 저 멀리서 전쟁의 나팔 소리는 들려오지 않는다. 위대한 시대는 다시금 마법으로 가득한 낮과 밤, 아침과 저녁, 정오와 황혼으로 이루어진다. 세상의 심장은 묵묵히 계속 뛰고 있다.

우리가 초원에 누워 땅에 귀를 기울이거나 다리 위에서 몸을 숙여 흐르는 물을 바라볼 때, 혹은 오랫동안 밝은 하늘을 올려다볼 때, 우리는 그 크고도 고요한 심장 소리를 듣는다. 그것은 어머니의 심장 소리이자, 우리를 품은 대지의 울림이다.

오늘, 이곳에서 작별을 고하며 걸었던 그 저녁을 떠올리면 그 슬픔은 이제 저 멀리에서 희미하게 들려오는 듯하다. 먼 곳에서 불어오는 푸르른 바람과 향기 속에 더는 싸움도, 절규도 남아 있지 않다. 그리고 언젠가 내 삶을 뒤틀고 나를 괴롭혔던 것들, 종종 너무도 무거운 두려움으로 가득했던 그 모든 것이 마침내 존재하지 않게 될 것이다.

언젠가 마지막 피로와 함께 평화가 찾아올 것이다. 어머니 같은 대지는 조용히 나를 품에 안을 것이며, 그것은 곧 끝이 아니라 새롭게 태어나는 것이다. 마치 따뜻한 목욕, 잠깐의 달콤한 선잠이 될 것이고, 그 속에서 오래되고 시든 것들은 서서히 가라앉고, 싱그럽고 새로운 것들이 숨쉬기 시작할 것이다.

그때 나는 다시 이 길을 걸을 것이다. 다른 생각들과 함께, 흐르는 시냇물에 귀 기울이고, 저녁 하늘의 속삭임을 엿들을 것이다. 영원히, 그리고 또다시 영원히.

목사관

변덕스럽고 무해한 방랑자

이 아름다운 집을 지나칠 때면, 갈망과 향수의 숨결이 느껴진다. 고요함과 평온, 그리고 방랑과 극단에 맞닿아 있는 부르주아의 삶을 향한 갈망이 떠오른다. 편안한 침대와 정원 벤치, 근사한 요리에서 풍겨오는 향기에 대한 향수와 더불어 서재와 담배, 오래된 책에 대한 그리움도 함께.

내가 젊었을 때 신학을 얼마나 경멸하고 조롱했던가! 하지만 지금 내가 알게 된 것은 신학이 우아함과 마법으로 가득 찬 학문이란 것이다. 신학은 미터나 파운드 같은 사소한 것들을 다루지 않는다. 끊임없이 총성이 울리고 환호성이 터져 나오며 배신이 일어나는 비열한 세계사와도 관련이 없다. 대신 신학은 은혜와 구원, 천사와 성사와 같은 내밀하고 사랑스럽고 축복받은 것들을 섬세하고 정교하게 다룬다.

나 같은 사람이 이곳에 살면서 목사가 되는 것은 얼마나 놀라운 일일까. 바로 나 같은 사람이! 이곳에서 고운 검은 가운을 입고 정원을 거닐며, 다정하게 그러나 오직 정신적이고 비유적인 방식으로 배나무 울타리를 사랑하고, 마을의 죽어가는 이들을 위로하고, 오래된 라틴어 서적을 읽으며, 요리사에게는 온화한 지시를 내리며, 일요일마다 좋은 설교를 머릿속에 담고 돌바닥을 밟으며 교회로 걸어가는 사람이 되기에 내가 적합한 사람이 아닐까?

날씨가 좋지 않을 때면 난방을 강하게 틀고, 초록색이나 푸르스름한 타일 난로에 기대어 서 있을 것이다. 때로는 창가에 서서 우울한 날씨를 바라보며 고개를 절레절레 흔들기도 할 것이다.

반면 화창한 날에는 정원에서 오래도록 시간을 보낼 테다. 울타리 나무를 손질하고 묶거나, 열린 창가에 서서 회색과 검은색이었던 산이 다시 장밋빛으로 빛나는 모습을 바라볼 것이다. 아, 나는 내 조용한 집을 지나가는 모든 방랑자를 깊은 관심으로 바라볼 것이다. 그에게 다정하고 호의적인 마음과 갈망의 감정을 품고 그를 따르게 될 것이다. 그는 더 나은 삶을 선택했기 때문이다. 내가 정착하여 주인 노릇을 하는 대신, 그는 진정으로 정직한 이 땅의 나그네이자 순례자이니 말이다.

어쩌면 이런 모습의 목사가 될 수도 있겠다. 어두운 서재에서 묵직한 부르고뉴 와인으로 밤을 보내며 수천 가지 악마와 싸우는 모습이라든가, 고해 성사하는 여인들과의 은밀한 죄에 대한 양심의 공포로 괴로워하며 밤중 악몽에서 깨어나는 모습일 수도 있다.

혹은 초록색 정원 문을 닫아걸고 교회 관리인에게 종을 치게 한 후, 내 직분이나 마을, 세상에 대해 전혀 신경 쓰지 않을 수도 있다. 넓은 소파에 누워 담배를 피우며 미친 듯이 게으름을 피울 것이다. 저녁에는 옷을 벗기에도 너무 게으르고, 아침에는 일어나기에도 무척이나 게으를 것이다.

간단히 말해, 나는 이 집에서 진정한 목사가 되지 않을 것이다. 지금처럼 여전히 변덕스럽고 무해한 방랑자로 남을 것이다. 나는 결코 목사는 되지 못하겠지만, 때로는 공상적인 신학자가 되었다가, 때로는 미식가가 되었다가, 때로는 지독히 게으르고 술병만 쫓아다니다가, 때로는 젊은 여인에게 집착하다가, 때로는 시인과 배우가 되었다가, 때로는 가난한 마음으로 불안과 고통을 안고 향수병에 걸릴 것이다.

그렇기에 초록색 문과 울타리 나무들, 예쁜 정원과 아름다운 목사관을 밖이나 안, 어디에서 보든 상관없다. 내 갈망이 거리에서 창문을 통해 고요한 성직자에게로 향하든, 창문에서 질투와 갈망을 품고 방랑자를 바라보든 아무래도 좋다. 내가 여기서 목사이든 거리의 부랑자이든 그런 것은 전혀 상관없다. 모든 것은 중요하지 않다. 다만 내게 매우 중요한 몇 가지, 내가 삶 속에서 떨림으로 느끼는 것들이다. 혀에서든 발바닥에서든, 쾌락 속이나 고통 속에서, 내 영혼이 유연하여 수백 가지 상상의 놀이로, 수백 가지 형태로 살며시 들어갈 수 있는 것, 목사와 방랑자, 요리사와 살인자, 아이들과 동물들, 특히나 새, 그리고 나무들 속으로도 들어갈 수 있는 것, 그것이 본질적이다. 그것이 나를 살아가게 하고 내가 진정 필요로 하는 것이다. 만약 언젠가 그 세계가 더는 불가능해지고 소위 '현실'이라 불리는 삶에 의존해야 한다면, 나는 차라리 죽음을 택할 것이다.

나는 우물에 기대어 목사관을 스케치했다. 가장 마음에 드는 초록색 문과 그 뒤의 교회 종탑을 함께 담았다. 아마도 나는 문을 실제보다 더 초록색으로 칠했을 수도 있고, 종탑을 더 길게 그렸을 수도 있다. 중요한 것은 내가 십오 분 동안 이 집에서 고향을 느꼈다는 것이다. 나는 이 목사관을 겉에서만 보았고, 아는 사람도 없다. 하지만 이 목사관을 진짜 고향처럼 여기게 되리라. 내가 어린아이였을 때 행복을 느꼈던 장소처럼 그리워할 것이다. 왜냐하면 이곳에 있는 십오 분 동안 나는 작은 아이였고, 진정으로 행복이 충만했기 때문이다.

농장

알프스의 속삭임

알프스 남쪽 기슭의 이 축복받은 지역을 다시 볼 때마다, 마치 유배지에서 집으로 돌아온 듯한 느낌이 들곤 한다. 드디어 산의 본래 자리로 돌아온 것 같다. 여기서는 태양이 더욱 친밀하게 빛나고 산들은 더 붉게 물들며, 밤과 포도, 아몬드와 무화과가 자란다. 사람들은 비록 가난하지만 선하고, 예의 바르며, 친절하다.

그들이 만드는 모든 것은 마치 자연의 일부처럼 올바르고, 친근해보인다. 집, 담장, 포도원 계단, 길, 농작물과 테라스까지 전부 새것은 아니지만 오래되지도 않았다. 모든 것은 인간의 노력과 지혜로 자연으로부터 얻어낸 것이 아니라, 바위와 나무, 이끼처럼 저절로 자라난 것처럼 보인다. 포도원 담장과 집, 지붕, 모두 같은 갈색 편마암으로 만들어져 형제처럼 서로 어우러진다. 어떤 것도 낯설거나 적대적이지 않다. 다만 친밀하고, 밝고, 이웃처럼 느껴진다.

그대가 원한다면 어디든 앉아도 좋다. 담벼락이나 바위, 나무 그루터기, 풀밭, 흙바닥. 어디를 가든 그림과 시가 그대를 감싸고, 어느 곳에서든 세상이 아름답고 행복하게 어우러져 울려 퍼질 테다.

여기 가난한 농부들이 사는 농가가 있다. 그들에게는 소가 없는 대신 돼지와 염소, 닭만 있다. 그들은 포도, 옥수수, 과일과 채소를 재배한다. 돌로 만들어진 집은 바닥과 계단도 돌로 되어 있다. 마당으로 가는 길에는 두 개의 석주 사이로 다듬어진 돌계단이 있다. 어디서나 호수의 푸른 빛이 식물과 바위 사이로 비쳐 올라온다.

생각과 걱정은 눈 덮인 산맥 너머에 남겨진 것 같다. 고통받는 사람들과 추한 것들 사이에서 얼마나 많은 생각과 걱정이 오가는가. 그곳에서는 존재의 정당성을 찾는 건 중요한 일이지만, 너무나 어렵고 절망적이다. 그렇지 않으면 어떻게 살아갈 수 있겠는가?

불행 속에서 사람은 심오해진다. 하지만 이곳에는 그런 문제가 없다. 존재를 정당화할 필요가 없으며, 생각은 놀이처럼 가벼워진다. 사람들은 그저 느끼기만 하면 된다. 세상은 아름답고, 삶은 짧다. 모든 소망이 잠들지는 않는다. 나는 더 많은 눈과 폐를 가지고 싶다. 나는 저 풀밭에 다리를 뻗은 채 내 다리가 더 길어졌으면 좋겠다고 바란다.

나는 거인이 되고 싶다. 그러면 내 머리는 염소들 사이에 누운 채, 알프스 가까이에 눈을 둘 것이다. 아래 깊은 호수에서는 발가락으로 물장구를 치겠지. 그렇게 누운 채로 다시는 일어나지 않을 것이다. 손가락 사이로 관목이 자라고, 머리카락에는 알프스 장미가, 무릎은 산기슭이 되고, 내 몸 위로는 포도원과 집, 예배당이 세워질 것이다. 그렇게 만 년을 누워, 하늘을 향해, 호수를 향해 눈을 깜박일 것이다.

내 재채기는 뇌우가 되어 돌아올 것이다. 그 위로 숨을 불면 눈이 녹고 폭포가 춤춘다. 내가 죽으면 온 세상이 함께 죽는다. 그러면 나는 새로운 태양을 가져오기 위해 대양을 건널 것이다.

　오늘 저녁엔 어디서 잠들까. 어디든 좋다! 세상은 어떻게 돌아가고 있나? 새로운 신이 만들어졌나? 새로운 법률, 새로운 자유는? 상관없다!

　하지만 이곳에서는 아직도 앵초가 피어나고 그 잎은 은빛 솜털을 달고 있다. 포플러나무로 불어 드는 바람은 부드럽고 달콤한 노래를 속삭인다. 내 눈과 하늘 사이로 짙은 금빛 벌이 윙윙 떠다닌다. 이 작은 일들은 상관없지 않다. 행복의 노래를 윙윙거리고, 영원의 노래를 윙윙거린다. 들려오는 이 노래는 내 세계사다.

〜

나무

모든 길은 집으로 향하네

나무는 늘 나에게 가장 인상적인 설교자였다. 나는 그들이 무리와 가족처럼 모여 살며, 숲과 작은 숲에서 살아가는 모습을 존경한다. 그리고 홀로 서 있을 때, 나는 그들을 더욱 존경한다. 그들은 마치 외로운 사람과 같다. 어떤 약점으로부터 몰래 도망친 은둔자가 아니라, 베토벤과 니체 같은 위대하고 고독한 존재라 할 수 있다.

그들의 우듬지에서 세상은 바스락거리고, 그들의 뿌리는 무한 속에 잠겨 있다. 하지만 그들은 거기에 자신을 잃지 않고, 삶의 모든 힘으로 오직 하나만을 추구한다. 그들 안에 살아 있는 법칙을 충실히 따르고, 형태를 확장하며 스

스로를 표현하는 것이다. 아름답고 강한 나무보다 더 신성
하고 모범적인 것은 없다.

나무가 베어져 그 벌거벗은 죽음의 상처를 태양에 드러
낼 때, 그 그루터기와 묘비의 밝은 원형에서 모든 역사를
읽을 수 있다. 나이테와 옹이 속에는 모든 투쟁과 고통, 질
병, 행복과 번영이 충실히 기록되어 있다. 척박했던 해와
풍요로웠던 해, 견뎌낸 공격, 버텨낸 폭풍우. 모든 농촌의
소년은 가장 단단하고 고귀한 목재가 가장 좁은 나이테를
가지고 있다는 사실을 알고 있다. 높은 산과 끊임없는 위
험 속에서 가장 강력하고 모범적인 나무의 줄기가 자란다
는 것을 이해한다.

나무들은 성소聖所다. 그들과 대화하고, 그들의 말을 들
을 줄 아는 사람은 진리를 경험한다. 그들은 교훈과 처방을
설교하지 않는다. 개별적인 것에는 신경 쓰지 않고 삶의 근
본 법칙을 조용히 속삭인다.

한 나무가 말한다. "내 안에는 본질이, 불티가, 생각이
숨겨져 있다. 나는 영원한 생명으로부터 온 생명이다. 영
원한 어머니가 나와 함께 감행한 시도와 노력은 유일무이

40

하며 내 형태와 맥상脈狀은 유일무이하고, 우듬지의 가장 작은 잎의 놀이와 껍질의 가장 작은 상처도 유일무이하다. 내 임무는 이 뚜렷한 유일함 속에서 영원함을 형성하고 보여주는 것이다."

한 나무가 말한다. "내 힘은 신뢰다. 나는 내 조상들에 대해 아무것도 모르고 매년 내게서 생겨나는 수천 명의 자녀들에 대해서도 아무것도 모른다. 나는 내 씨앗 속 신비를 끝까지 간직한 채 살아가며, 다른 어떤 것도 내 염려가 아니다. 나는 신이 내 안에 있다고 신뢰한다. 나는 내 임무가 신성하다고 믿는다. 이 신뢰로부터 나는 산다."

우리가 슬프고 더 이상 삶을 잘 견디지 못할 때, 한 나무가 우리에게 말할 수 있다. "조용히, 조용히 해! 나를 봐! 삶은 쉽지 않고, 어렵지도 않아. 그런 생각은 어린아이의 생각이야. 네 안에서 신의 목소리에 귀 기울이면 그 생각들은 곧 침묵할 거야. 네가 내딛는 발걸음은 어머니와 고향으로부터 멀어지기 때문에 두려워하지. 하지만 모든 걸음과 나날은 너를 새롭게 어머니에게로 이끌 것이다. 고향은 어딘가에 있는 것이 아니라, 네 안에 있거나 혹은 어디에도 존재하지 않으리라."

저녁 바람에 나무들이 바스락거릴 때 방랑의 그리움이 내 마음을 찢는다. 조용히 듣고 있으면 방랑의 그리움, 그 본질과 의미가 드러난다. 그것은 고통으로부터 도망치려는 욕구가 아니다. 고향과 어머니에 대한, 기억과 삶의 새로운 비유에 대한 그리움이다. 그것은 우리를 집으로 인도한다. 모든 길은 집으로 향하고, 모든 걸음은 탄생이자 죽음이다. 모든 무덤은 어머니에게로 돌아가는 길이다.

우리가 내면의 어린아이 같은 생각으로 두려움을 느낄 때면 나무는 그렇게 바스락거린다. 우리보다 더 긴 삶을 보낸 나무가 들려주는 고요한 생명의 교훈을 배운다. 우리가 그 목소리에 귀 기울이지 않아도 그들은 우리보다 더 지혜롭다. 하지만 우리가 나무의 말을 들을 줄 알게 되면, 우리 생각의 짧고 빠른 속도는 기쁨으로 변한다. 나무의 소리에 귀 기울이는 법을 배운 사람은 더 이상 나무가 되고자 하지 않는다. 그는 다만 자신이 있는 그대로 존재하고자 한다. 그것이 고향이며, 그것이 곧 행복이다.

비 오는 날

호수 위로 떨어지는 불안의 물방울

비가 막 쏟아지려 하고, 축 처진 회색의 불안한 공기가 수면 위에 매달려 있다. 비가 오는데도 상쾌하고 청량한 날씨가 있다. 하지만 오늘은 그렇지 않다. 나는 머무는 여관 근처의 강변을 걷는다. 습기는 끊임없이 두꺼운 공기 속에서 오르내린다. 구름도 마찬가지로 비를 뿌려대며 계속해서 습기를 머금고 밀려온다. 우유부단함과 불쾌한 기분이 하늘을 지배하고 있다.

오늘 저녁은 어부의 선술집에서 먹고 묵을 곳을 찾으리라 여겼다. 강변을 거닐고, 호수에서 목욕하며, 달빛 아래서 수영을 할지도 모르겠다고 상상했다. 하지만 그 대신,

어둡고 의심스러운 하늘이 신경질적이고 불쾌하게 변덕스러운 소나기를 떨어뜨렸다. 나 역시 못지않게 신경질적이고 불쾌한 기분에 휩싸여 순식간에 바뀐 풍경 속을 터벅터벅 걷고 있다. 아마 어젯밤 와인을 너무 많이 마셨거나, 아니면 너무 적게 마셨거나, 어쩌면 불안한 것들에 대해 꿈을 꾸었을 것이다.

무엇이 문제인지는 신만이 알 것이다. 기분은 엉망이고, 축 처진 공기는 나를 괴롭히며 내 생각은 어두운 그림자처럼 늘어져 있다. 세상은 광채를 잃었다. 오늘 저녁에는 생선을 구워달라고 하고, 레드 와인을 많이 마실 것이다. 그러면 다시 세상에 약간의 빛이 비치고 삶은 조금 더 견딜 만하다고 느낄 것이다.

선술집에서 벽난로 불을 피우면, 게으르고 축 처진 비는 더 이상 우리를 괴롭히지 못할 것이다. 나는 훌륭한 긴 브리사고 시가를 피웠다. 와인잔을 벽난로 쪽으로 들어 올렸는데, 잔이 피처럼 빨갛게 빛났다. 우리는 잘 해낼 것이다. 저녁은 지나갈 것이고 나는 깊은 잠에 빠질 수 있을 것이며, 내일은 모든 게 달라질 것이다.

얕은 물결 위로 빗방울이 떨어지고, 바람은 젖은 나무 사이를 차갑고 축축하게 휘젓고 있다. 나무들은 죽은 물고 기처럼 납빛으로 반짝인다. 악마가 수프에 침을 뱉은 기분 이다. 아무것도 맞지 않다. 어떤 소리도 울리지 않고, 무엇 도 기쁘거나 따뜻하지 않다. 전부 황량하고, 우울하고, 형 편없다. 모든 현의 음이 맞지 않는다. 모든 색은 가짜다.

나는 그 이유를 안다. 내가 어제 마신 와인 때문도 아 니고, 불편한 침대 때문도 아니며, 내리는 빗방울 때문도 아니다.

악마들이 여기 있었고 내 안의 현을 하나씩 날카롭게 망가뜨렸다. 다시 두려움이 찾아왔다. 어린 시절 꿈에서, 동화에서, 학창 시절 운명에서 온 두려움. 불변의 것에 간 히는 우울함과 혐오감. 세상은 얼마나 무미건조한 맛이 나 는가! 내일 다시 일어나고, 다시 먹고, 다시 살아야 한다는 것은 얼마나 끔찍한가! 왜 사람은 사는 걸까? 왜 이렇게 바 보처럼 착한 걸까? 이런 생각의 답은 자연적으로 해결법이 나타나지 않는다. 다만 내면에서 나를 향해 들려오는 목소 리만 있을 뿐이다.

그대는 방랑자와 예술가가 될 수 없고, 동시에 시민이자 반듯하고 건강한 사람이 될 수도 없다. 그대가 도취를 원한다면, 숙취도 감수하라! 그대는 햇빛과 아름다운 환상을 향해 "예"라고 대답할 수 있다면, 더러움과 혐오 앞에도 "예"라고 똑같이 대답하라. 모든 것은 내 안에 있다. 금과 오물, 즐거움과 고통, 아이들의 웃음과 죽음에 대한 두려움. 그 모두에 "예"라고 답하고, 아무것도 회피하지 말고, 무엇도 거짓으로 덮으려 하지 마라!

그대는 시민도, 그리스인도 아니며, 조화롭지도 않고 스스로의 주인도 아니다. 그대는 폭풍 속의 새다. 폭풍치게 하라. 자신을 떠내려가게 하라! 그대는 얼마나 많은 거짓말을 했던가. 수천 번이나, 그대의 시와 책에서도 조화롭고 현명한 사람, 행복한 사람, 명쾌한 사람인 척했던가. 전쟁에서 공격할 때 그들이 내장이 떨리는 동안에도 영웅인 척했던 것처럼. 주여, 인간은 얼마나 가련한 원숭이이자 사기꾼이란 말입니까. 특히 예술가는, 특히 시인은, 특히 나라는 자는!

구운 생선을 먹고, 두꺼운 유리잔에 노스트라노 와인을

마시며, 긴 시가를 피워 연기를 내뿜고, 벽난로 불 속에 침을 뱉으며, 어머니를 생각하고 내 불안과 슬픔에서 한 방울의 달콤함을 짜내려 노력할 것이다. 그런 뒤에 얇은 벽에 마주한 질 나쁜 침대에 누워 바람과 빗소리를 들을 것이다. 심장의 두근거림과 싸우고, 죽음을 바라고, 하지만 죽음을 두려워하며 신을 부를 것이다.

이 모든 것이 지나갈 때까지, 절망이 지칠 때까지. 잠과 위안 같은 것이 다시 내게 손짓할 때까지. 내가 스무 살이었을 때도 그랬고, 오늘도 그러하며, 내 삶이 끝날 때까지 계속 마찬가지일 것이다. 앞으로도 이런 날들에게 내 사랑스럽고 아름다운 삶의 일부로 대가를 치러야 할 것이다. 오늘 같은 밤과 불안, 혐오감, 절망은 계속 찾아올 것이다. 그럼에도 불구하고 나는 살아갈 것이고, 삶을 사랑할 것이다.

오, 구름이 얼마나 초라하고 음흉하게 산에 걸려 있는가! 희미한 빛은 실은 얼마나 거짓되고 빈 깡통처럼 호수에 비치는가! 내 마음에 떠오르는 모든 것이 실로 얼마나 어리석고 절망적인가!

예배당

오직 한 가지 행복, 사랑

작은 차양이 있는 장밋빛 예배당은 분명 선하고 감수성이 풍부한 사람들에 의해, 무척이나 경건한 사람들에 의해 지어졌을 것이다.

사람들은 종종 내게 말한다. 오늘날에는 더 이상 경건한 사람들이 존재하지 않는다고. 그러나 내게 그 이야기는 마치 오늘날에는 더는 음악이나 푸른 하늘이 없다고 말하는 것처럼 들린다. 나는 여전히 경건한 사람들이 많이 있다고 믿는다. 나 역시도 경건하다. 하지만 늘 그랬던 것은 아니다.

경건함으로 가는 길은 각자에게 다를 수 있다. 나에게 있어 그 길이 많은 오류와 고통을 거쳐, 많은 자기 고문을 거쳐, 상당한 어리석음, 어리석음의 원시림을 지나갔다. 나는 자유사상가였고, 경건함이 영혼의 질병이라고 알고 있었다. 나는 금욕주의자였고 내 살에 못을 박았었다. 나는 경건함이 건강과 쾌활함을 의미한다는 것을 알지 못했다.

경건함은 다름 아닌 신뢰다. 신뢰는 단순하고 건강하며 해롭지 않은 사람, 어린아이, 자연인이 지닌다. 우리처럼 복잡하고 무해한 사람들은 신뢰를 찾기 위해 우회로를 거쳐야 했다. 자기 자신에 대한 신뢰에서부터 시작이다. 계산이나 죄책감, 양심의 가책, 또는 고행이나 희생으로 신앙을 얻는 것은 아니다. 그 모든 노력은 우리 외부에 존재하는 신들에게 향하도록 한다.

우리가 믿어야 하는 신은 우리 내면에 있다. 자기 자신에게 "아니오"라고 말하는 자는 신에게 "예"라고 답할 수 없다.

이 땅의 사랑스럽고 친밀한 예배당들이여. 그대들은 다른 신의 표식과 비문을 지니고 있다. 그대들의 신자는 내가 알지 못하는 단어로 기도를 올린다. 그럼에도 나는 참나무 숲이나 초원에서처럼 그대들 안에서 기도할 수 있다. 그대들은 녹음 속에서 노랗고 하얗게, 또는 분홍빛으로 피어난다. 마치 젊은이들의 봄노래 같다. 모든 기도는 그대들 곁에서 허락되며 신성하다.

기도는 노래처럼 신성하고 치유적이다. 기도는 신뢰이며, 확인이다. 진정으로 기도하는 사람은 요청하지 않고 단지 자신의 상태와 필요한 것을 이야기할 뿐이다. 그는 작은 아이들이 노래하듯 자신의 슬픔과 감사를 노래한다. 피사Pisa의 교회 묘지에 그려진 오아시스와 노루들 가운데 있는 축복받은 은둔자들도 이렇게 기도했는데, 그것은 세상에서 가장 아름다운 그림이다. 나무와 동물도 이렇게 기도한다. 훌륭한 화가의 그림에서는 모든 나무와 산이 기도한다.

경건한 개신교 가정 출신인 사람은 이러한 기도에 이르기까지 멀고 긴 길을 찾아야 한다. 그는 양심의 지옥을 알고 자기 자신과의 단절이 가져오는 죽음의 고통을 알며, 모든 종류의 분열과 고통, 절망을 경험했다. 길의 끝에 이르러 그는 그토록 가시밭길을 통해 찾아 헤맨 축복이 얼마나 단순하고 어린아이 같으며 자연스러운지를 놀라움과 함께 깨닫는다. 그러나 그 가시밭길은 헛되지 않았다. 고향으로 돌아온 사람은 항상 집에 머물렀던 사람과는 다르다. 귀향한 이는 더 깊이 사랑하고, 정의와 망상에서 더 자유롭다. 정의는 집에 머물렀던 이들의 미덕이며, 오래된 미덕, 원초적 인간의 미덕이다. 그러나 우리 젊은이들은 그것을 필요로 하지 않는다.

우리는 오직 한 가지 행복만을 알고 있으니, 그것은 사랑이다. 그리고 오직 한 가지 미덕만을 알고 있으니, 그것은 신뢰이다. 예배당들이여, 나는 그대들의 신자, 그대들의 공동체를 부러워한다. 수백 명의 기도하는 이가 당신에게 슬픔을 토로하고 수백 명의 아이들이 당신의 문을 화환으로 장식하며 촛불을 바친다. 그러나 우리의 믿음, 멀리 여행하는 이들의 경건함은 외롭다. 옛적의 믿음을 가진 이들은 우리 동료가 되기를 원치 않으며, 세상의 흐름은 우리가 있는 섬을 멀리 지나간다.

나는 가까운 초원에서 앵초와 클로버, 미나리아재비를 따서 예배당 안에 내려놓았다. 차양 아래 난간에 앉아 아침의 고요함 속에서 경건한 노래를 흥얼거린다. 갈색 벽 위에는 내가 쓰고 온 모자가 놓여 있고 그 위로 파란 나비 한 마리가 살포시 앉는다. 먼 계곡에서는 기차가 가늘고 부드러운 휘파람을 불어온다. 덤불 위로 여기저기 아침 이슬이 반짝인다.

점심 휴식

보내지 않을 편지

다시 하늘이 밝게 웃자 풍요로운 공기가 춤을 춘다. 먼 낯선 땅이 다시 내 것이 되고, 낯선 곳이 고향이 되었다. 오늘 나의 자리는 호숫가 나무 옆이다. 노트에 가축이 있는 오두막과 몇 개의 구름을 그렸다. 그리고 보내지 않을 편지를 썼다. 이제 가방에서 음식을 꺼낸다. 빵, 소시지, 견과류, 초콜릿.

가까이에 자작나무가 자리 잡고 있다. 마른 나뭇가지들이 바닥에 잔뜩 깔려 있다. 불을 피워 자작나무를 친구 삼아 옆에 앉고 싶은 마음이 밀려왔다. 자작나무로 건너가서 아래의 나뭇가지를 한 아름 모아, 그 아래에 종이를 깔고 불을 붙인다. 가느다란 연기가 가볍고 즐겁게 올라간다. 정오의 빛 속으로 밝고 붉은 불꽃이 기묘하게 일렁이는 모습을 바라보았다.

소시지가 맛있다. 내일 다시 이처럼 맛있는 음식을 살 것이다. 내게 구워 먹을 몇 개의 밤이 있다면 얼마나 좋을지 신을 향해 속으로 바랐다.

식사를 끝내고 입고 있던 재킷을 풀밭에 펼쳤다. 그 위에 머리를 얹고 내가 피어올린 작은 연기가 밝은 높이로 올라가는 것을 지켜본다. 약간의 음악과 축제의 즐거움이 여기에 어울릴 것이다. 내가 외우고 있는 요제프 폰 아이헨도르프Joseph von Eichendorff♦의 노래들을 생각해본다. 많이 떠오르지도 않았지만, 몇몇은 구절은 기억나지 않았다. 후고 볼프Hugo Wolf♦♦와 오트마르 쇠크Othmar Schoeck♦♦♦의 멜로디

♦   독일 시인, 소설가.
♦♦   오스트리아 작곡가.
♦♦♦   스위스 작곡가.

에 맞춰 반쯤 흥얼거리며 그 노래를 읊는다. 「낯선 곳으로 떠나고 싶은 사람」과 시 「사랑하는 당신, 충실한 류트♦여」가 가장 아름답다. 노래들은 애수로 가득하지만, 그 애수는 단지 여름 구름일 뿐이다. 그 뒤에는 태양과 신뢰가 있다. 이것이 아이헨도르프이다. 이런 점에서 그는 에두아르트 뫼리케Eduard Mörike♦♦ 와 니콜라우스 레나우Nikolaus Lenau♦♦♦보다 위에 있다.

어머니가 아직 살아계셨다면 나는 그녀를 생각했을 것이다. 그녀가 나에 대해 알아야 할 모든 이야기를 쏟아내고 고백하려 했겠지. 하지만 그런 일은 일어나지 않았다. 그 대신 열 살쯤 되어 보이는 검은 머리칼의 소녀가 걸어왔다. 풀밭에 누워 있는 나와 내가 피워낸 작은 불을 바라보며. 그러고는 곁에 와서 견과류 하나와 초콜릿 한 조각을 나에게 받아 풀밭 위에 앉는다. 이제 소녀는 아이 특유의 품위

♦ 16세기에서 18세기 유럽에서 유행했던 현악기.
♦♦ 독일 시인, 소설가.
♦♦♦ 오스트리아 시인.

와 진지함을 보이며 기르는 염소와 큰 오빠에 관해 말한다.

우리 어른들은 얼마나 어릿광대 같은가! 이제 소녀는 집으로 돌아가야 한다. 소녀는 아버지에게 식사를 가져다 주었던 것이다. 소녀는 예의 바르고 진지하게 인사하고 나무 샌들과 붉은 울 양말을 신은 채로 계속 나아간다. 그녀의 이름은 안눈치아타Annunziata다.

불이 꺼졌다. 태양은 알아차리지 못하게 더 멀리 움직였다. 나는 오늘 더 많은 거리를 걸을 것이다. 내 꾸러미를 싸고 묶는 동안 또 하나의 아이헨도르프 시가 떠오르고 나는 무릎을 꿇고 노래한다.

> 곧, 아, 얼마나 곧 고요한 시간이 오는가,
> 그때 나도 쉬리, 그리고 내 위로
> 아름다운 숲의 고독이 속삭이리라,
> 그리고 아무도 더 이상 나를 알지 못하리라.

나는 이 사랑스러운 시구에서조차 애수는 단지 구름의 그림자일 뿐임을 처음으로 느낀다. 이 애수는 덧없음의 부드러운 음악에 불과하며 그것 없이는 아름다움이 우리를 감동하게 하지 못한다. 여기엔 고통이 없다. 나는 애수를 행군길에 함께 데려가고 만족스럽게 산길을 따라 더 나아간다. 깊이 아래로는 호수가 있고 밤나무들과 잠든 물레바퀴가 있는 물레방앗간 시냇물을 지나 고요한 푸른 날 속으로 들어간다.

호수, 나무, 산

호수 너머의 노래

옛날에 한 호수가 있었다. 푸르른 호수와 하늘 너머로 봄날의 나무들이 초록빛과 노란빛으로 솟아 있었다. 멀리 둥근 산 위에 하늘이 고요히 머물러 있었다.

어느 방랑자가 나무 아래 앉아 있었다. 노란 꽃잎들이 그의 어깨 위로 떨어졌다. 그는 지쳐 있었고 눈을 감고 있었다. 노란 나무에서 내려온 꿈이 스르륵 그에게 스며들었다. 그러자 그의 몸집은 작아져 소년이 되었고, 집 뒤 정원에서 어머니의 노랫소리가 들려왔다. 그는 나비가 날아가는 것을 눈으로 쫓았다. 파란 하늘을 배경으로 귀엽고 노란빛의 나비. 그는 나비를 따라갔다.

초원을 지나 시냇물을 건너 호수에 이르렀고, 나비는 맑은 물 위로 높이 날아갔고 소년도 따라 날았다. 그의 몸은 가볍게 떠올라 푸르른 공간을 가로지르자, 태양이 그의 날개를 비추었다. 그는 노란 나비를 따라 호수와 높은 산을 넘어 날았고, 구름 위에선 신이 노래하고 있었다. 그 주위로 천사들이 맴돌았고, 그중 한 천사는 소년의 어머니처럼 보였다. 신은 튤립 화단 위로 초록 물뿌리개를 기울여 그들이 목을 축일 수 있게 했다. 소년은 그녀를 향해 날아갔고, 그러자 곧 그도 천사가 되어 어머니를 안았다.

방랑자는 잠깐 꿈에서 깨어나 눈을 비볐다. 이내 그의 눈이 다시 감겼다. 그는 붉은 튤립 하나를 꺾어 어머니의 가슴에 꽂아주었다. 다른 튤립 하나를 꺾어 이번엔 그녀의 머리에 꽂았다. 천사들과 나비들이 주변을 날아다녔고, 세상의 모든 새와 동물, 물고기가 그곳에 있었다. 소년이 그들의 이름을 부르면, 소년의 손으로 날아들어 그의 것이 되었다. 그는 손에 들어온 모든 것을 쓰다듬고 대화를 나누고 다시 떠나보냈다.

방랑자는 깨어나 천사에 대해 생각했다. 그는 나무에서 잎사귀들이 흩어지는 소리를 들었다. 나무 속에서 섬세하고 고요한 생명이 금빛 물결에서 오르내리는 것을 들었다. 산이 그를 바라보고 있었고 거기에는 갈색 외투를 걸친 신이 기대어 노래하고 있었다. 그의 노래가 유리 같은 호수 너머로 들려왔다. 그것은 단순한 노래였고 나무 속 힘의 조용한 흐름과 심장 속 피의 조용한 흐름, 그리고 꿈에서부터 그를 통해 흐르는 조용한 금빛 물결과 섞여 함께 울려 퍼졌다.

방랑자는 그때 노래하기 시작했다. 천천히 길게 늘어뜨리는 노랫말은 기교 없이 공기와 파도처럼 단지 웅얼거림과 벌처럼 윙윙대는 소리에 가까웠다. 그 노래는 멀리서 노래하는 신에게 나무 속 노래하는 흐름에게, 핏속에 흐르는 노래에게 보내는 응답이었다.

방랑자는 그렇게 오랫동안 혼자 노래했다. 마치 봄바람 속에서 종 모양의 꽃이 울리고 풀밭의 메뚜기가 음악을 만들어 내듯이. 그는 한 시간, 혹은 일 년 동안 노래했다. 그는 어린아이 혹은 신처럼 노래했다. 나비를 노래하고 어머니를 노래했으며, 튤립과 호수를 노래했고 자신의 피와 나무의 피를 노래했다.

그의 걸음은 계속되었고 이내 따뜻한 땅으로 그의 발이 닿자, 잊고 있던 목적지와 자신의 이름이 떠올랐다. 오늘이 화요일이라는 것과 저쪽으로 밀라노행 기차가 달린다는 것도. 오직 아주 멀리서만 그는 여전히 노래를 들을 수 있었다. 호수 너머에는 갈색 외투를 입은 신이 여전히 노래하고 있었지만, 방랑자의 귀에는 아득히 점점 멀어졌다.

흐린 하늘

고유히 흐르는 내면의 리듬

바위 사이에 작은 난쟁이 약초들이 피어 있다. 나는 누워서 저녁 하늘을 바라본다. 몇 시간 동안 천천히 작고, 고요하고, 혼란스러운 구름이 하늘을 덮어 간다. 저 위에서는 바람이 불고 있음이 틀림없다. 다만 이곳에서는 그 바람을 느낄 수 없다. 바람은 구름을 털실처럼 짜내고 있다.

물이 땅 위에서 증발하고 다시 비로 내리는 과정은 일정한 리듬으로 일어난다. 계절이나 밀물, 썰물도 그들만의 고유한 시간과 순서를 지니고 있는 것처럼, 우리 내면도 법칙에 따라 리듬으로 진행된다.

플리스Fließ라는 교수가 있는데, 그는 생명 과정의 주기적 반복을 나타내기 위해 특정 숫자 배열을 계산해 냈다. 그것은 카발라Kabbalah ◆처럼 들리지만, 아마 카발라도 과학일 것이다. 독일 교수들이 그것을 비웃는다는 것은 오히려 그것을 지지하는 말일지도 모른다.

내가 삶에서 가장 두려워하는 어두운 파도도 어떤 일정한 규칙성을 가지고 찾아온다. 나는 날짜와 숫자를 모른다. 나는 계속되는 일기를 쓴 적이 없고, 숫자 23이나 27, 또는 다른 어떤 숫자가 그것과 관련 있는지 모르고 알고 싶도 않다. 그저 때때로 내 영혼 속에서 외부적 원인 없이 어두운 파도가 일어난다는 것을 알 뿐이다. 마치 구름 그림자처럼 세상에 그림자가 드리운다. 기쁨은 진실하게 들리지 않고, 음악은 공허하다. 우울함이 지배하고 죽는 것이 사는 것보다 낫다고 여겨진다.

◆ 유대교 신비주의 사상으로 우주의 구조와 인간 존재의 본질, 신과의 관계, 영혼의 목적, 세상의 탄생 원리 같은 것들을 다룬다.

이 멜랑콜리는 발작처럼 때때로 찾아온다. 어떤 간격으로 다가오는지 모르지만, 확실한 건 나의 하늘을 천천히 우울의 구름으로 뒤덮는다. 심장의 불안으로 시작되어 공포의 예감으로, 아마도 밤의 꿈들로 시작된다. 이전에 내가 좋아했던 사람, 집, 색, 소리가 의심스러워지고 마치 거짓처럼 느껴진다. 음악은 두통을 일으킨다.

모든 편지는 불쾌하게 느껴지고 숨겨진 비수를 담고 있는 듯하다. 이런 시간에 사람들과 대화하도록 강요받는 것은 고통이며 불가피하게 충돌로 이어진다. 이런 시간들 때문에 사람은 총기를 소유하지 않는다. 또한 이런 시간에는 그것을 그리워한다. 분노, 고통, 비난의 감정은 주변 모든 것으로 향한다. 사람, 동물, 날씨, 신, 읽고 있는 책의 종이, 입고 있는 옷의 천까지. 하지만 분노, 조급함, 비난과 증오는 사물에 향하지 않고 나 자신에게 돌아온다. 증오받아 마땅한 것은 나다. 세상에 불협화음과 추함을 가져오는 것은 나 자신이다.

나는 오늘 그런 날로부터 휴식을 취하고 있다. 이 시간이 지나가면, 한동안 평온이 기다리고 있음을 안다. 세상이 얼마나 아름다운지 나는 알고 있다. 그것이 어떤 시간에는 다른 누구보다 나에게 무한히 더 아름답게 느껴진다는 것을, 색들이 더 달콤하게 울리고, 공기는 축복받은 듯 흐르고, 빛은 부드럽게 떠다닌다는 것을. 그리고 그 아름다움을 위해 나는 삶을 견딜 수 없을 만큼 우울함으로 물드는 날을 견뎌내며 대가를 치러야 한다는 것을 안다. 우울함에 대한 좋은 치료법이 있다. 노래, 독실함, 와인 마시기, 음악 연주, 시 짓기, 거닐기. 나는 이런 방법들로 살아간다. 마치 은둔자가 기도로 살아가는 것처럼.

때로는 저울의 접시가 내려앉아 나의 좋은 시간이 나쁜 시간을 상쇄하기에는 매우 드물고, 그만큼 충분하지 않은 것처럼 보인다. 반대로, 내가 진전을 이루어 좋은 시간이 늘어나고 나쁜 시간이 줄었다고 느낀다. 가장 나쁜 시간에도 내가 절대 바라지 않는 것은 좋음과 나쁨 사이의 중간 상태, 그런 미지근하고 견딜 만한 중간이다. 아니, 차라리 곡선의 과장, 차라리 고통이 더 심해지더라도 그 대신 축복의 순간이 한 가닥 더 빛나기를!

불쾌함이 서서히 나를 떠나가고, 하늘은 다시 아름답게 보이며, 산책은 의미를 찾는다. 이렇게 돌아오는 날들로 나는 회복의 기분을 조금이나마 느낀다. 실제적인 고통이 없는 피로함, 씁쓸함 없는 체념, 자기 멸시 없는 감사함.

천천히 생명선이 다시 올라가기 시작한다. 다시 노래 구절을 흥얼거린다. 다시 꽃 하나를 꺾는다. 다시 지팡이를 가지고 놀기 시작한다. 아직 살아 있다. 다시 이겨냈다. 또다시 이겨낼 것이다. 아마도 여러 번 더.

이 흐리고 고요히 움직이는 하늘이 내 영혼에 비치는 모습일까. 반대로 내가 이 하늘에서 내면의 이미지를 읽어내는 것일까. 이에 대해 말하는 것은 아마 불가능할 것이다. 때로는 이 모든 것이 너무도 불확실해진다! 세상 누구도 특정한 공기와 구름의 분위기, 색채의 울림, 향기와 습도의 변화를 나와 같은 감각으로 관찰할 수 없을 것이라 확신한다. 나의 오래되고 예민한, 시인과 방랑자의 감각으로 느끼는 것처럼 섬세하고, 정확하고, 충실한 관찰. 그리고 또다시 오늘처럼 내가 정말로 어떤 것을 보고, 듣고, 맡은 적이 있는지, 내가 인식하고 있다고 믿는 모든 것이 단지 내면의 이미지를 외부로 투영한 것은 아닌지 의심스러워질 때가 있다.

$\backsim\backsim$

붉은 집

고독한 길 위에서

붉은 집이여, 그대의 작은 정원과 포도밭이 품은 알프스 남부의 향기가 모두 내게 흘러온다! 나는 여러 번 그대 곁을 지나쳤다. 우리가 마주친 처음부터 내 방랑의 마음은 떨리며 그 반대극을 기억했다. 나는 다시 한번 자주 연주 했던 오래된 멜로디들과 어울리고 있다. 고향을 갖는 것, 녹색 정원 속 작은 집, 주변의 고요함, 그리고 더 아래에 있 는 마을.

아침을 향한 작은 방에는 침대가, 나만을 위한 침대가 있을 것이다. 남쪽을 향한 작은 방에는 내 책상이 있을 것 이다. 그곳에는 예전 브레시아Brescia 여행에서 구한 작고 오래된 성모상을 걸어두었을 것이다.

　아침과 저녁 사이로 하루가 흐르듯이 여행 충동과 고향에 대한 소망 사이로 내 삶이 흘러간다. 언젠가 나는 여행과 먼 곳이 내 영혼 속에 자리 잡는 경지에 이를 것이다. 그들의 이미지를 실현하지 않고도 내 안에 간직하게 될 것이다. 아마도 내면에 고향을 가지게 되면 더는 정원과 작은 붉은 집들을 눈독 들이며 그리워하지 않게 되리라.

　내면에 고향을 가지는 것. 그것을 이룬다면 삶은 얼마나 달라질까. 그것은 중심을 가질 것이고 그 중심에서 모든 힘이 진동할 것이다.

　하지만 나는 아직 그곳에 도달하지 못했다. 그렇기에 내 삶에는 중심이 없고, 수많은 극과 반극 사이를 떠돌고 있다. 여기서는 집에 있고 싶은 갈망, 저기서는 길 위에 있고 싶은 갈망. 여기서는 고독과 수도원을 향한 열망, 저기서는 사랑과 공동체를 향한 충동!

　나는 책과 그림을 모았다가 그것들을 도로 내어주었다. 나는 풍요로움과 악습을 가꾸었다가 금욕과 자기 고행으로 향했다. 나는 삶을 신앙적으로 숭배했다가, 그것을 단지 기능으로만 인식하고 사랑할 수 있게 되었다.

하지만 나 자신을 다르게 만드는 것은 내 일이 아니다. 그것은 기적이 할 일이다. 기적을 찾는 사람, 그것을 끌어 들이려는 사람, 그것을 돕고자 하는 사람으로부터 기적은 도망칠 뿐이다. 나는 팽팽한 대립 사이에서 떠돌 뿐이고, 기적이 나를 찾아올 때 준비되어 있는 것이다. 내 일은 불만족하고 안식을 얻지 못하는 것이다.

푸른 초원의 붉은 집이여! 나는 이미 그대를 경험했으니, 다시 그대를 바랄 수 없다. 나는 한때 고향을 가졌고 집을 지었으며, 벽과 지붕을 세우고 정원에 길을 내고, 벽에는 내 그림을 걸었다. 모든 사람은 그런 충동을 갖고 있다. 내가 그 충동을 따라 살았다는 사실이 다행으로 여겨진다.

삶 속에서 많은 소망이 이루어졌다. 나는 시인이 되고 싶었고 시인이 되었다. 집을 짓고 싶었고 한 채를 지었다. 아내와 아이들을 갖고 싶었고 그들을 가졌다. 나는 사람들에게 말하고 그들에게 영향을 미치고 싶었고 그렇게 했다. 그러나 성취는 빠르게 포만감으로 바뀌었다. 포만감이야말로 내가 견딜 수 없는 것이었다. 시를 쓰는 것이 의심스러워졌다. 집이 좁아졌다. 도달한 목표는 진정한 목표가 아니었고 모든 길은 우회로였으며, 모든 휴식은 새로운 갈망을 낳았다.

　나는 앞으로도 많은 우회로를 갈 것이고, 많은 성취가 또다시 나를 실망케 할 것이다. 그러나 모든 것은 언젠가 그 의미를 드러낼 것이다. 대립이 사라지는 곳, 그곳이 열반이다. 나에게 그것들은 아직 밝게 타오르고 있다. 갈망의 사랑받는 별들이여.

Lieder

der

stillen Berge

2장

고요한 산의 노래

〜〜
1932

방랑의 추억

그때 우리는 아무것도 몰랐다

젊은 시절, 그러니까 약 이십오 년 전의 한여름이었다. 그때 나는 알불라Albula 고개를 넘어 엥가딘Engadin과 베르겔Bergell을 지나 코모호수까지 행군하듯 걸어갔다. 그 여행 직후에 써놓았던 글을 며칠 전 다시 발견했다. 당시는 전쟁이 없던 유럽이었고, 먼지 없는 그라우뷘덴Graubünden과 자동차가 없던 이탈리아를 가로지르는 여행이었다. 그래서 며칠 동안 시골길을 걸어 다니는 것이 더없이 즐거울 수 있었다.

그때의 나는 알지 못했다. 내가 누린 작은 여행의 기쁨들 대부분이 사라져가는 세상에 속한 것이며, 곧 어디에서도 찾아볼 수 없게 될 것이라는걸. 몇 년 뒤에는 전쟁이 찾아와 우리의 삶을 파괴하고 빈곤하게 만들 것이었다. 그럼에도 불구하고 전쟁에 참여한 모든 사람이 그 격동의 흐름에 이끌려, 전쟁이 끝난 후에도 지난날의 흔적에서 아무 깨달음도 얻지 않기로 굳게 결심할 것이라는 걸 알지 못했다.

그때 우리는 그렇게 아무것도 모른 채 세상을 돌아다녔다. 어쨌든, 그 시절은 아름다웠고, 나는 그 '게으른' 평화의 시대를 경험할 수 있었던 것이 기쁘다. 나중에 몇몇 동료들이 '전쟁의 축복'에 관해 설교하며 우리를 설득하려 했던 것처럼, 그 평화는 전혀 나쁘지 않았다.

사색은 여기서 멈추도록 하자. 이제 내가 그 작은 여행에 대해 써놓은 것을 들려주려 한다.

여름 여행 I

푸른빛의 밤 속으로 사라진 것

프레다Preda에서의 점심 식사 자리에서는 알프스 곰 이야기뿐이었다.

"닷새 동안이나 알프스 곰을 찾고 있는데 아직 한 마리도 못 봤어!"

"난 벌써 두 마리나 보았소. 한 마리는 암컷이었지."

"어제 난 한 마리를 마주쳤는데, 잡을 수 없었어."

신사 중 한 명이 나를 향해 물었다.

"혹시 당신도 이미 만나보셨나요?"

"알프스 곰을요?"

"그렇소."

나는 잠시 생각에 잠겼다. 그라우뷘덴의 한 지역인 이곳에 곰이 서식한다는 사실을 전혀 몰랐다는 것이 적잖이 부끄러웠다. 나는 약점을 드러내느니 차라리 둘러대기로 했다.

"아직 보지는 못했습니다만."
대답은 꽤 태연하게 들렸고, 나는 말을 이었다.
"으르렁대는 소리는 여러 번 들었죠."
신사는 눈을 크게 뜨고 나를 빤히 쳐다보더니, 고개를 저은 뒤 웃음을 터뜨렸다. 그가 여전히 웃으며 물었다.
"당신은 곤충학자가 아니군요?"
"아니요, 그게 뭔가요?"
"나비 채집가 말입니다. 알프스 곰, 일명 플라비아Flavia는 이 지역에서 서식하는 알프스 나방이죠. 우린 모두 그걸 찾아다니고 있죠."
"그래요? 전 그게 꼬마 아이들이나 하는 놀이인 줄 알았는데요."
"전혀 그렇지 않습니다. 그런데 실례지만, 곤충학자가 아니라면 프레다에서 무엇을 찾고 계신가요?"

그 질문은 단순하고 어리숙하게 느껴졌다. 프레다는 알불라 산맥의 아름다운 고지대에 자리 잡고 있으며, 고개 정상까지는 세 시간 거리다. 주변의 모든 산, 특히 피츠 발 룽과 근처의 피츠 물릭스는 등산을 하고 싶게 만드는 매력적인 곳이었다.

하지만 며칠이 지나자, 그의 말이 맞았다는 것이 드러났다. 프레다는 작은 기차역 건물 하나와 두 개의 여관으로만 이루어져 있었고, 두 여관 모두에 곤충학자들이 앉아 있었다. 나비 채, 에테르 병, 아세틸렌 랜턴*이 여기저기 놓여 있었고, 모든 초원에는 채집망이 펄럭이고 있었다. 자갈밭 곳곳에는 심각한 표정의 남자들이 서서 플라비아가 알을 낳는 돌을 하나하나 뒤집어보고 있었다. 오 년, 혹은 그보다 더 긴 세월 동안 여름이면 어김없이 이곳을 찾는 채집가들이 있었다. 어떤 이들은 희귀한 알프스 나비를 이미

◆　19세기 말부터 20세기 초반에 널리 사용된 조명 기구로 아세틸렌가스를 사용한다.

서른 마리 넘게 마구 채집해 갔고, 또 어떤 이들은 오랜 시간 특정 나비를 찾아 헤매고 있었는데 결국은 체념한 듯 초조해보였다.

그들 중 몇몇은 일상에서 유쾌하고 사교적인 사람들이었을 테다. 의심할 여지 없이 즐겁게 어울릴 만한 사람들도 있었지만, 그들의 열정이 타오르는 산자락에서는 누구나 광기에 가까운 집념을 품은 채, 현실과는 동떨어진 존재가 되어버렸다. 모두가 사냥감에 목말라했고, 서로의 움직임을 예리하게 살폈다. 누군가 희귀한 곤충을 손에 넣으면, 발견 장소를 거짓으로 알려주며 교묘하게 숨겼다. 정작 그는 눈치채지 못한 채 누군가의 은밀한 시선을 받으며 뒤를 밟히고 있었다. 적어도 한 명이 그렇게 진짜 장소를 기억해두었고, 그는 사실을 알지 못했다. 그렇게 모두가 죽을 때까지 비밀로 지켜야 할 장소와 경험이 있다고 믿고 있었다.

그리고 언젠가 경쟁자 중 한 사람이 절벽에서 미끄러져 뼈가 부러지면, 남은 이들은 가식적인 유감을 겨우 표현할 뿐이었다. 이 모든 게 프레다에서의 나날을 불편하게 만들었다. 그러나 무엇보다 더 좋지 않은 것은 이 열정과 광기가 전염될 수도 있다는 사실이었다.

약 여드레쯤 지났을 때였다. 시원한 산길을 걷던 중, 함께하던 친구에게 집으로 돌아가면 나비 수집을 하리라 마음먹었다고 말했다. 거기다 포획한 곤충을 죽이는데 청산가리 대신 에테르를 쓰겠다고 했다. 내 동행은 어딘가 이상하다는 눈으로 나를 바라보았고, 그제야 나는 내 마음이 이곳에 지나치게 물들었음을 깨달았다. 즉시 이곳을 떠나야겠다고 결심했다. 하지만 막상 저녁이 되자 곤충학자들의 여정을 한 번 더 지켜보고 싶어졌다. 나는 그들과 함께 산길을 올랐고, 그것을 후회하지 않았다. 그날 밤은 내가 프레다에서 보낸 밤 중 가장 아름다운 밤이었다.

저녁 식사를 마친 후 나와 친구는 나비 사냥꾼 두 명과 함께 길을 나섰다. 하늘은 아직 밝았고, 우리는 천천히 아름다운 산길을 따라 올랐다. 팔푸오냐Palpuogna를 지나, 마치 유리처럼 투명한 초록빛 수면 한가운데 거대하고 짙푸른 청색의 눈동자를 품은 듯한 알프스호수가 모습을 드러냈다.

"저기 호숫가에 있는 까만 나무가 보이시나요? 마치 동화 같군요."

"네, 저건 낙엽송이에요. 저곳에 지금 자나방 몇 마리가 날고 있을지도요. 내려가볼까요?"

"제발 그러지 말아요."

"그럼, 계속 가죠. 저기가 바이센슈타인입니다."

바이센슈타인은 한때 많은 이들이 머물렀던 여관이었지만, 알불라 철도가 개통된 후로는 문을 닫았다. 이곳은 곤충학자들에게 주요한 출발점이었다. 알프스 곰 나방의 가장 유명한 서식지인 플라비아 바위까지는 겨우 한 시간도 채 걸리지 않았다.

고개로 이어지는 편안한 길에서 왼쪽으로 갈라진 길을 따라 걸음을 옮겼다. 길은 폭포 여러 개와 크고 황량한 자갈 언덕을 가로질러 산장으로 이어졌다. 우리는 천천히 오르며 커다란 돌을 하나하나 뒤집어보았다. 어떤 것은 사람 키만큼 컸지만, 그 아래에서 알프스 곰 나방의 알이나 번데기를 찾을 수 있으리라는 희망이 우리를 지탱했다. 하지만 발견한 것은 빈 껍데기 껍질 하나뿐이었다.

우리는 더 높은 곳의 돌무더기가 쌓인 곳으로 들어갔다. 경사가 가파른 곳에서는 뒤집은 바위들이 서로를 깔아 뭉개지 않도록 많은 주의와 노력을 기울여야 했다. 별다른 성과 없이 시간은 흘렀다. 그다지 흥미롭지 않은 활동이었지만, 한 목동의 이야기가 우리의 탐색에 작은 긴장감을 더했다. 이 헐거운 돌들 아래에 수많은 독사가 살고 있다는 이야기였다. 하지만 눈을 씻고 찾아봐도 독사는 볼 수 없었고, 생명의 흔적조차 찾을 수 없이 황량했다. 다만 저 높은 곳에서 때때로 들리는 마멋의 날카롭고 거의 조롱하는 듯한 휘파람 소리만이 있을 뿐이었다.

성과 없는 탐색에 슬슬 짜증이 밀려왔다. 게다가 어둠이 빠르게 내려 앉아 돌무더기 속을 뒤지는 일은 점점 어려워졌다. 자갈밭 너머에서 나는 돌이 거의 없고, 좁고 길게 뻗은 초원 지대를 발견했다. 거기라면 힘들이지 않고 높이 올라갈 수 있었다. 나는 세 사람을 뒤에 남겨둔 채 발걸음을 옮겼다. 한동안 생각과 목적지도 없이 그저 걸음만 옮겼다. 작은 돌들이 내 발밑에서 조용히 미끄러져 내렸고, 때때로 등산 지팡이 끝이 바위틈에 닿아 날카로운 소리를 냈다. 그 외에 들리는 건 내 신발의 징이 바닥을 스치는 희미한 소리뿐이었다. 산은 어느새 완전한 침묵 속에 잠겨 있었다.

그러는 동안 내가 미처 보지 못한 건너편 봉우리들 위

로 첫 번째 별이 떠올랐다. 잠시 쉬는 동안 뒤를 돌아보았을 땐 예상치 못한 장엄한 광경이 눈앞에 펼쳐졌다. 내 앞으로는 민둥산이 가파른 경사를 이루며 알불라계곡 깊숙이 내려가고 있었고, 그곳은 마치 끝없는 갈색 황무지처럼 누워 있었다. 늪지대와 돌밭 사이로 수많은 작은 샘물 호수들이 창백한 빛을 머금고 있었다. 호수 하나하나에는 밤하늘의 별 하나만이 조용히 비치고 있었다. 넓고 웅장한 고산 계곡 너머로 쌍둥이 봉우리인 피츠 롤라이스와 알불라호른이 선명한 윤곽을 그리며 밤하늘로 치솟아 있었다.

모든 것이 불확실한 녹색을 머금은 별빛 아래 놓여 있었다. 낮보다 더욱 황량하고, 더욱 거칠고, 더욱 웅장해보였다. 나는 이곳을 감싸는 분위기와 빛이 지닌 강렬한 순수함을 이전에는 느껴본 적이 없었다. 바람이 불고 안개가 낀 이른 아침의 축축한 은빛 다음으로, 이 웅장한 고갯길의 독특하고 장대한 성격을 이토록 강렬하고 순수하게 보여줄 수 있는 분위기와 조명을 알지 못한다. 달 없는 맑은 밤이 드리운 이 회녹색의 차갑고 베일 같은 빛은 알지 못했다.

그곳에서 아래를 내려다보니, 깊숙한 자갈밭에서 사냥에 몰두한 두 곤충학자의 모습이 눈에 들어왔다. 반은 유령 같고, 반은 우스꽝스럽게 보였다. 그들은 각자 강한 빛을 내는 투광 랜턴을 설치했고, 그 빛은 펼쳐진 하얀 리넨에 비치고 있었다. 이 미세하게 떨리는 빛 한줄기 주위로 두 사냥꾼이 서두르면서도 조심스럽게 돌무더기를 이리저리 춤추듯 오갔다. 그들은 빛에 이끌린 밤나방을 잡기 위해 하얀 나비 채를 휘두르며 원을 그렸다. 빛에서 멀어질 때면 그들의 모습은 희미한 얼룩처럼 보였다가 다시 빛 안으로 들어오면 선명하게 드러났다.

때때로 한 사람이 미끄러져 넘어지거나 사냥감을 확보하려고 무릎을 꿇기도 했다. 마치 원주민들이 밤에 추는 춤처럼 보였다. 그리고 이 모든 광경, 별빛 아래 끝없이 펼쳐진 알프스 계곡과 그 거대한 산들 사이에서 열정적으로 움직이는 두 명의 작은 인간, 아무런 악의 없이 그저 욕망을 탐닉하는 그들의 모습이 내게 잊을 수 없는 인상을 남겼다.

그들이 있는 곳으로 내려오니, 그들 랜턴 중 하나의 불이 들어오지 않는 게 보였다. 랜턴 주인은 애써 화를 억누르고 있었다. 반면 다른 한 사람은 조용한 미소를 띤 채 사냥을 이어갔다. 그러나 결국 그도 이제 그만하자는 말에 고개를 끄덕였고, 우리는 그의 랜턴 불빛에 의지해 돌아왔다.

나는 오늘 사냥의 성과를 물어보았다. 운이 좋았던 수집가 중 한 명은 만족스러워했고, 랜턴이 고장 난 이는 혼잣말로 중얼거리며 투덜거렸다.

"당신 동료가 당신보다 더 운이 좋았던 것 같네요?"

내가 그에게 말했다.

"그래요, 바보들이 늘 그렇죠."

그가 화난 목소리로 으르렁거렸다. 다른 이가 그 말을 들었지만, 그저 즐거운 듯 웃기만 했다. 하지만 그 역시 알프스 곰 나방을 잡지는 못했다.

오로지 나만이 그 나방을 만날 수 있는 행운을 누렸다. 늦은 귀가 후 여관방의 불을 켜자, 창문으로 무언가 날아왔다. 아름다운 곤충이었다. 하지만 나는 알프스 곰을 잡지도 않았고 채집가 중 누구에게도 말하지 않았다. 강건한 털이 난 몸통이 검은색과 황갈색을 띤 채 창문에 머물렀다. 나는 그를 향해 고개를 끄덕였고, 불을 끈 뒤 그가 푸른빛의 밤 속으로 빠르게 퍼덕이며 사라지는 것을 바라보았다.

∽
1905

여름 여행 Ⅱ

바람이 속삭이던 날

구름 한 점 없는 푸른 한여름 아침, 나는 프레다를 떠나 아무런 서두름 없이 산장으로 향하는 길을 걸어갔다. 아름답고 완만한 오르막길이었으며, 마지막 구간은 고트하르트 고개와 비슷하면서도 웅장하고 엄숙한 아름다움을 지니고 있었다.

이 길엔 초목이 없고, 대신 순수한 형태로만 이루어진 풍경이 펼쳐져 있었다. 작거나 고운 것, 우연히 나타나는 것들이 전혀 없었다. 고지대에는 눈이 거의 남아 있지 않았고, 둥글게 파인 그늘진 곳 몇 군데에만 회색빛의 작은 눈밭이 남아 있을 뿐이었다. 하지만 이 지역 어디서나 그렇듯, 물은 풍부했다. 암석으로 뒤덮인 풍경은 마치 태고의 세계처럼 거대한 존재감을 드러내며 상상력을 정화시켰다. 그것은 인간 세계의 모든 작은 관계를 잠시 침묵하게 하고, 창세기의 첫 구절처럼 단순한 힘으로 지구의 탄생 시기와 우주와의 하나됨을 상기시켰다. 평소 우리 의식에 이토록 선명하고 지속적으로 다가오지 않은 이야기였다.

이미 오른 고갯마루에서 그저 아래로 길을 따라 내려가기가 아쉬워, 나는 산장에서 더 높은 곳으로 올라갔다. 그리고 절벽과 돌무더기 주변에서 에델바이스 한 다발을 모으는 데 두 시간을 보냈다. 그곳에는 마멋들이 수없이 살고 있었지만, 안타깝게도 나는 그들의 소리만 들을 수 있었을 뿐, 그 모습을 보지는 못했다.

정오가 조금 지나 고갯길을 따라 계속 걸을 때는, 고지대임에도 날씨는 이미 매우 따뜻했다. 길이 내려갈수록, 멀리서 다가오는 먹구름이 위협적으로 보이는데도, 햇빛이 가득한 그날은 더욱 뜨겁게 달아올랐다. 넓게 펼쳐진 초원 비탈에는 거대한 가축 떼들이 흩어져 있었고, 특이하게도 목동들은 거의 모두 독일어를 사용하고 있었다.

덤불이 나타나기 시작했고, 이내 나무들이 보였다. 그리고 지금까지 거의 식물이 없던 풍경은 점점 더 푸르러지고 숲이 우거졌으며, 마침내 아래쪽에 인계곡이 펼쳐졌다. 나는 기쁜 마음으로 아름다운 마을들을 향해 걸어갔다. 폰테Ponte, 카모가스크Camogask, 마툴라인Matulein, 과르다발Guardaval이라는 아름다운 이름을 가진 마을에서는 모든 골목마다 현관 계단과 뾰족한 돌출 창, 대장장의 아름다운 작품으로 만들어진 화려한 발코니 난간을 갖춘 웅장하고 오래된 뷘트너 가옥♦들이 늘어서 있었다.

집과 골목, 커다란 석조 분수대, 격식 있는 오래된 여관은 과거의 명성과 오랜 문화를 보여준다. 활기찬 계곡의 길을 마차와 말들이 소음과 먼지, 그리고 생명력으로 가득 채웠다. 남자, 여자, 아이들 사이에서 수많은 경이로운 그을린 피부의 아름다움을 볼 수 있었다. 물론 여기서부터 특히 베버Bever에서 위쪽으로 올라가면, 유명한 엥가딘의 관

♦ 16세기부터 19세기 사이에 스위스 그라우뷘덴 지역에서 발전한 전통적인 농가 유형으로 견고한 석조 구조와 목재를 결합한 형태가 특징이다.

광 지역이 시작되지만, 장크트 모리츠St. Moritz까지 가는 길에서는 여행의 즐거움이 상당히 줄어든다.

베버에서 잠시 휴식을 취했다. 걷기와 더위로 꽤 지쳐 있었다. 그곳에서 나는 전에 한 번도 경험해보지 못한 피로 증상을 겪었다. 여관에서 맥주 한 병을 마시고 빵을 먹은 후, 나는 적은 금액의 음식값을 큰 동전으로 지불했다. 그리고 여종업원이 옆방에서 잔돈을 바꾸는 동안, 나는 아무 생각 없이 그냥 나와버렸다. 오십 보쯤 걸었을 때, 그 소녀가 길에서 나를 따라잡았고 놀란 나의 손에 잔돈 한 움큼을 쥐여주었다. 그 순간 마음 깊숙이 잔잔한 행복이 피어올랐다. 나는 그 돈에 대한 내 권리를 불과 이 분도 안 되어 완전히 잊어버렸기 때문이었다.

장크트 모리츠에서 나는 겨우 한 시간을 견뎌냈다. 그럼에도 짧은 시간 동안 많은 것을 보았다. 그날은 일요일이었고, 음악과 휴양지의 산책로가 있었다. 수많은 상점 중에는 은 제품, 비단, 자수 공예품을 파는 몇몇 이탈리아인의 가게가 있었다. 그곳에서는 과하게 비싸지 않은 가격에 값진 물건들을 볼 수 있었다. 산책로는 파리의 이탈리아 대로Boulevard des Italiens나 오스텐데Ostende◆, 혹은 몬테카를로Monte Carlo◆◆에서 더 잘 어울릴 법한 화려한 옷차림, 인물들, 얼굴들로 가득 차 있었다. 그곳에서는 한량들, 국제적인 매춘부, 혼기가 찬 딸들을 데리고 있는 어머니들과 흔히 볼 수 있는 몰수당한 듯한 얼굴을 가진 방랑자들과 사기꾼들이 보였는데, 그들은 카사노바와 프랑크 베데킨트Frank Wedekind◆◆◆의 중간쯤 되는 모습이었다. 만약 곧 다시 산과 숲 사이에서 홀로 있게 될 것을 생각하면, 장크트 모리츠에서의 이러한 한 시간의 체류는 희극 같은 즐거움이 된다. 그런데 호텔 주인들은 이번 시즌이 신통치 않다고 불평했다.

이 다채로운 연극 같은 풍경과 인위적으로 구불구불하게 다듬어진 산책로를 뒤로하자마자, 순간 진정한 모습의 오버엥가딘Oberengadin 눈앞에 펼쳐진다. 장크트 모리츠에서

◆　벨기에의 유명 휴양지.
◆◆　모나코의 유명 휴양지.
◆◆◆　독일 극작가, 시인, 배우.

는 전혀 느낄 수 없었던 인상이다. 말로 표현할 수 없이 강인하고, 시원하며 쌉쌀한 산의 공기가 모든 색채에 에나멜 같은 선명함을 부여한다. 특히 강과 호수의 물은 스위스의 다른 어떤 계곡에서도 찾아보기 힘든 광채와 유리처럼 맑은 색조를 지니고 있다. 아름다운 숲길이 물 위로 이어지며, 질바플라나Silvaplana를 지나 호수 건너편으로 질스 마리아Sils Maria까지 이른다. 그리고 이곳에서 두 번째 호수를 지나 산들과 웅장하게 가파른 지형을 바라볼 수 있으며, 지평선에는 남쪽으로 가는 관문처럼 넓고 장엄하게 오래된 말로야Maloja가 자리하고 있다. 이곳은 베르겔과 이탈리아로 향하는 경이로운 길을 감추고 있다.

호수와 맞닿은 땅은 아쉽게도 지나치게 정돈된 느낌이 드는, 그다지 아름답지 않은 니체 기념비♦가 세워져 있다. 양산을 든 여인들이 그 앞에 서 있고, 고요함과 적막함으로 유명한 질스 마리아에서는 값비싼 호텔들이 몇 주 치 예약

♦ 프리드리히 니체는 1879년 처음으로 질스 마리아에 방문한 뒤 일곱 번의 여름을 이곳에서 보냈다. 1900년에 그가 사망하자 그의 추모를 위해 세워진 기념비인 니체의 돌에는 『차라투스트라는 이렇게 말했다』에 나온 구절이 새겨져 있다.

까지 꽉 차 있었고, 마지막 남은 침대와 식탁의 자리까지도 비어 있지 않았다. 물론 이곳은 매혹적이며 단지 휴식을 취하기에 아름다울 뿐만 아니라, 여러 산악 여행을 위해서도 적절한 위치에 있다.

나는 이곳에 머무르지 못하는 것을 유감스럽게 생각했다. 그러나 여행에서 첫 번째 기술은 포기할 줄 아는 것이고, 나는 어떤 등산 장비도, 심지어 등산용 지팡이조차 가지고 있지 않았다.

그날 일요일에 저지대는 무척이나 더웠을 것이다. 여기 고지대에서도 강하고 찬 눈바람에도 불구하고 걷는 것만으로도 더웠기 때문이다. 말로야 뒤로는 어두운 구름이 마치 모험적으로 높고 뻔뻔스럽게 들쭉날쭉한 산맥처럼 움직이지 않고 서 있었다. 이 푸르스름하게 베일에 싸인 먼 곳을 향해 걷는 것이 매혹적으로 아름다웠다. 이솔라Isola에서 나는 좁은 협곡 깊숙이 숨겨진 곳에서 격렬하게 흐르는 폭포에서 잠시 쉬었다. 그 후 긴 행렬로 종소리와 함께 귀가하는 소 떼들이 나를 향해 다가왔고, 점점 강해지는 저녁 바람이 선선함을 가져오는 동안 나는 천천히 말로야로 돌아가는 아름답게 구불구불한 호반 길을 걸었다. 그곳에서 나는 훌륭한 여관의 큰 나무 누각에서 맛이 좋은 벨트리너 와인과 함께 편안한 저녁 시간을 보냈고, 여관 주인에게서 암살자 오르시니Orsini의 소름 끼치는 이야기를 들으며 마르냐Margna와 룽긴Lunghin의 눈밭이 붉게 물들었다가 서서히 사라져가는 것을 바라보았다.

내 계획은 이곳에서 하룻밤을 묵고, 어쩌면 산에 잠시 들리고 그런 다음 걸어가거나 마차를 타고 엥가딘을 통과해 같은 길로 돌아갔다가, 율리어 고개를 넘어 집으로 돌아가는 것이었다. 이미 프레다에서 많은 여행 경비를 썼고, 집에서는 처리해야 할 일이 나를 기다리고 있다. 이제 나는 적어도 베르겔계곡으로 내려가는 방향으로 갈망 어린 시선을 한번 던지고 싶었다. 말로야의 마지막 집들이 있는 곳에서, 길이 굽어지고 내리막이 시작되는 곳에서, 전망이 열리고, 사람들은 환상적으로 구불구불하게 난 길을 따라 아름다운 계곡 안으로 시선을 던진다.

나는 오래지 않아 율리어 고개와 귀가와 일에 대한 생각을 접었다. 이 화려한 길을 따라 빠르게 이탈리아로 여행하여, 키아벤나Chiavenna를 보고, 코모호수를 다시 한번 맞이하고, 키안티 와인과 이탈리아 노래와 함께하는 저녁을 즐기는 유혹에 굴복했다. 이 결심을 하고 나는 잠자리에 들었고, 밤의 절반을 이탈리아의 다채롭고 맛있는 것들로 가득한 꿈을 꾸었다.

고트하르트에서

길이 허락하는 한 계속 걸어나가리

여태 수많은 산을 올랐지만, 검독수리를 만난 건 단 네 번뿐이다. 처음 마주했을 때 나는 아직 소년이나 다름없었다. 끝없이 펼쳐진 은빛 하늘에서 우아한 곡선을 그리며 비행하는 거대한 새를 보았다. 누군가 그것이 독수리라고 말해주었을 때 내 가슴은 두근거렸다. 위엄 있게 떠다니는 그 모습에서 노래와 상징을 떠올렸고, 경이로움에 사로잡혀 그의 비행을 눈으로 쫓았다. 그 순간은 내 기억 속에 깊이 새겨졌다. 그날 이후 나는 독수리를 다시 보고 싶다는 조용한 열망을 늘 품고 산에 올랐다. 고산 길에서는 반쯤 기대하며 수백 번 시선을 하늘로 올렸으나 기대가 충족

된 적은 드물었다.

그러나 열망은 내 안에서 계속 살아 있었다. 내 삶에서 가장 깊은 감동으로 남은 순간은 세 번이었다. 별이 빛나는 고산 지대의 겨울밤, 베네치아 석호를 유영하는 저녁 배 여행, 그리고 산등성이를 유유히 나는 독수리를 발견한 순간이다. 때때로 실망과 걱정이 나를 덮칠 때, 혹은 공허하고 아름답지 않은 날이 나를 마비시킬 때마다 나는 이 기억들로 도피했다.

설령 그 소망이 현실이 되지 않더라도, 내 안에서는 여전히 순수하고 확고한 열망으로 빛났다. 그것만으로도 반쯤 회복된 것이다.

최근 나는 긴 겨울을 잠시 멈추고 문화를 만끽하며 여러 사람과 동시대인으로서 어울리기 위해 취리히에서 일주일을 보냈다. 아름답고 충실한 날들이었다. 알베르트 벨티Albert Welti◆의 새 그림을 감상하고, 베토벤과 모차르트,

◆　스위스 화가.

휴고 볼프의 선율에 취했으며, 동료 화가와 시인, 편집자들과 어울렸다.

거리를 가득 메운 마차와 사람들, 우아하게 차려입은 여성들을 보았고, 밤늦게까지 이어진 대화와 함께 와인을 마셨다. 고급스러운 가게에서 좋은 서비스를 받는 여유를 누렸고—비록 취리히 상인들보다 더 예의 바른 상인들을 알고 있지만—, 편안한 면도를 받았으며, 근사한 증기욕을 했다. 저녁 무렵에는 프랑스와 이탈리아 신문, 우아한 손님과 열심히 일하는 웨이터, 좋은 당구대가 있는 화려한 카페에 앉았다. 도시 사람들에게는 이미 시들해져 일상적으로 느껴지는 것들을 나는 진심으로 즐기고 있었다. 아마 그 도시에 머무르는 동안 가장 만족스러움을 느낀 사람을 꼽으라면, 바로 나일 것이다.

그곳에서 보낸 지 일주일쯤 되자, 이번 여행은 충분하다는 생각이 들었다. 다시 고요한 자연으로 돌아가고 싶다는 생각이 마음 깊숙한 곳에서 피어올랐다. 호수와 숲 사이의 내 자리로 돌아가 익숙한 침대에서 잠들고, 다시금 글을 쓰고 싶어졌다.

생동감 있고 재치 있게 느껴졌던 사람들은 점점 덜 인

상적으로 다가왔다. 그리고 이제는 예술적 감상조차 차분히 가라앉혀야 할 때가 되었음을 느꼈다. 감상이 조금씩 뒤섞이고 희미해지기 시작했기 때문이다. 그러니 이제 집으로 가자!

여드레 동안 취리히 호수 너머로 고요하게 펼쳐진 알프스의 봉우리를 바라보며, 내 안에서 오랫동안 잠들어 있던 열망이 다시금 강렬하게 깨어났다. 독수리에 대한 갈망, 고산 지대의 겨울밤을 향한 노랫말. 마침 여행을 위한 자금이 삼 일 분 정도 남아 있었다. 서둘러 표를 끊고, 아직 한 번도 겨울에 가본 적 없던 고트하르트로 향하는 길에 오르기로 결심했다. 눈 덧신과 다른 겨울 장비는 가지고 있었다. 기차는 흐린 날씨 속을 달렸다. 창밖은 온통 옅은 안개로 덮여 가장 가까이 있는 나무와 언덕, 집 외에는 아무것도 구별할 수 없었다. 모든 것은 흐릿한 백색 속으로 녹아들었고, 오직 아직 신선하고 깨끗한 눈만 빛을 받아 빛나고 있었다.

놀랍게도 추크호는 보이지 않았는데, 추위에 얼어 눈에 덮여 있었다. 나는 초조하게 해가 모습을 드러내길, 흐릿한 안개가 걷히기를 간절히 바랐다. 아르트Arth, 브루넨Brunnen, 플뤼엘렌Flüelen을 지나면서도 바람은 계속 되었다.

그러나 우리가 에어스트펠트Erstfeld를 지나갈 때, 시간은 이미 정오를 향해 가고 있었고 기차는 여전히 구름과 어스름 속을 달리는 중이었다. 나는 점점 희망을 잃기 시작했고, 흐린 날씨 속에서의 여행을 받아들일 마음의 준비를 했다. 그 멋진 고트하르트 철도를 이렇게나 긴장된 마음으로 올라가 본 적은 없었다.

암슈테그Amsteg와 구르트넬렌Gurtnellen도 안개 속에 잠겨 있었다. 대담하게 생긴 로이스 다리들도 안개 속에 있었고, 바센Wassen을 통과할 때도 햇빛을 만날 수 없었다. 나는 희망을 포기하고 좌석에 몸을 기댔다. 산들은 늘 아름답다. 나는 때때로 안개 낀 풍경도 즐기지만, 알프스에서 햇빛이 내리쬐는 날의 풍경이 어떤지 이미 알고 있어 실망이 컸다. 일정이 고작 이삼일 정도 남은 상태에서 푸른 하늘을 기다리지 않기란 여전히 어려운 일이었다.

이 소풍이 상당히 성급하고 돈 낭비는 아닌지 고민하기 시작할 무렵, 기차는 바센의 나선형 터널에서 빠져나왔다.

그때 나는 공기 속에서 희미한 파란빛을 감지할 수 있었다. 서둘러 창문을 열고 하늘을 올려다보았다. 구름이 갈라지는 틈새로 천천히 붉은빛이 스며 든 높은 절벽이 모습을 드러냈다. 이어서 두 번째 절벽과 세 번째 절벽이 차례로 눈에 들어왔다. 강한 바람이 높은 곳에서 아래로 불어왔고 구름 조각들이 유령처럼 흩어졌다.

마침내 온 산악 지대가 베일을 벗었다. 눈부신 햇살, 투명하고 온화한 공기 속에서 제비꽃 빛깔의 푸른 하늘이 펼쳐졌다.

그 순간 내 마음은 깊은 기쁨으로 가득 찼다. 황금빛 보석처럼 빛나던 수백 번의 겨울날이 기억 속에서 깨어났다. 이때만큼은 독수리도 달빛 가득한 밤도 잠시 잊었다. 나는 괴셰넨Göschenen에서 소년처럼 가벼운 걸음으로 기차에서 뛰어내려 푸른 장엄함 속으로 달려갔다.

능선과 봉우리는 긴 보라색 그림자와 빛나는 설원을 품고 있었다. 오직 특별한 겨울날에만 볼 수 있을 것처럼 놀랍도록 선명하고 가깝게 눈앞에 펼쳐졌다. 적당한 뢴 바람이 불고 햇빛이 가득한 공기는 마치 봄처럼 따뜻했다. 이전의 여러 산행에서처럼 나는 자주 걸음을 멈추고 주위를 둘러보았다. 그러면 마치 모든 게 마법이어서 한순간에 사라질 것만 같았다. 하지만 그 불안마저도 묘한 기쁨 속에 녹아들었다. 나는 다시는 이 땅을 이토록 거룩하게 보지 못할 것이다.

나무 썰매가 지나가며 파헤친 길, 바람이 불어 때로는 말끔히 쓸려가고, 때로는 완전히 눈에 덮여버린 길. 나는 얼어붙은 눈이 약 일미터가량 쌓인 도로를 따라 쉴레넨 협곡과 악마의 다리Teufelsbrücke를 향해 천천히 올랐다. 강한 바람이 매섭게 불어왔다. 거친 로이스계곡의 장엄한 도로는 여름에 보았을 때보다 겨울의 고요한 품속에서 더없이 아름다웠다. 거칠게 소용돌이치는 로이스 강은 하얀 죽음의 정적 속 유일한 생명이다. 눈 덮인 협곡의 푸르스름하고 듬성듬성 깨어진 얼음 껍질 아래로 로이스 강의 물줄기가 흘렀다. 악마의 다리 위쪽에 있는 작은 폭포는 물보라가 얼어붙어 마치 허공에 떠 있는 듯한 얼음 천개天蓋로 덮여 있었다. 그 얼음 덮개에는 수백 개의 기묘한 첨탑이 솟아올라 있었다.

안데르마트Andermatt 앞의 분수령에 다다랐을 때, 나는 특별한 순간을 맞이했다. 바람이 휘몰아치는 거칠고 험한 협곡을 지나 짧은 터널을 빠져나오자, 찬란한 빛의 세계로 들어섰다. 넓게 펼쳐진 고산 계곡은 따스한 햇살 속에서 빛났고, 계곡 끝을 막아선 높은 산은 푸르스름한 그림자를 드리우고 있었다.

조용한 호스펜탈Hospental 마을은 검은 랑고바르드 탑과 함께 깊은 눈 사이에서 작은 점처럼 고요히 잠들어 있었다. 왼쪽으로 시선을 돌리자, 눈바람에 뒤덮여 몇 달 동안 길이 막힌 푸르카 도로를 찾을 수 있었다. 안데르마트에서는 관광객 없이 빈 호텔들이 문을 굳게 닫고 있어 기이하게 보였다. 일 층 창문까지 눈에 파묻혀 간신히 철제 정원 울타리의 끝부분만이 솟아 있었다.

나는 크로네 여관에서 따뜻한 커피를 마시며 몸을 녹였다. 벽난로에는 약 칠십 년 전의 주인이었던 콜룸반 카멘친트Kolumban Camenzind와 그의 아내 이름이 오래된 필체로 새겨져 있었다.

저녁이 다가오고 석양으로 주변이 붉게 물들기 시작할

때, 나는 다시 움직였다. 그때 오버알프 도로Oberalpstraße의 가장 높은 곳에서 날아가는 새를 발견했다. 그 새는 크고 천천히 원을 그리며 날아가는 검독수리였다. 나는 자리에 멈춰 오랫동안 그를 바라보았다. 내가 거의 잊고 있던 소원이 이루어졌음에 감동이 차올랐다. 이제 나는 맑은 달빛의 밤도 오래도록 기억에서 사라지지 않을 것임을 알았다. 푄 바람은 여전히 적당한 강도로 불어왔고, 남쪽을 향한 하늘은 봄용담꽃의 열린 꽃받침처럼 맑고 푸르렀기 때문이다.

괴셰넨까지 돌아가는 길은 더 이상 힘겹지 않았다. 뢰슬리에서 잠시 쉬며 와인과 음식을 주문하고, 가파른 능선 위로 거의 완전한 달이 떠오를 때까지 기다렸다. 새벽 한 시 무렵이었다.

그때 나는 덧신을 묶고 장갑을 낀 채 잠든 마을을 지나 오래된 프루트Frutt의 교회를 스쳐 지나갔다. 놀랍도록 고요한 길을 따라 좁은 옆 계곡을 걸으며 담마 빙하와 괴셰너알프Göscheneralp를 향해 나아갔다. 목적지도 없었으나 힘들지 않았고, 나는 길이 허락하는 한 계속 걸었다. 슬슬 몸이 피곤을 불러오면 천천히 다시 돌아왔다.

부드러운 눈길에서는 내 발소리도 묻혀 들을 수 없었고, 다른 어떤 소리도 들리지 않았다. 밤하늘을 향해 높이 뻗은 빙하가 눈으로 덮여 희미하게 빛났고, 하얀 달빛이 계곡을 가득 채웠다. 프루트에서 눈 위로 조금 튀어나온 표지판을 읽을 수 있었다. 그곳에서 눈사태로 변을 당한 열여섯 소년을 위해 세워진 것이었다. 밤하늘에는 크고 반짝이는 많은 별이 떠 있었고, 그 빛과 하얗게 빛나는 달빛의 세계와 희미한 봉우리들의 침묵을 나는 결코 잊을 수 없을 것이다. 몇 시간의 깊은 잠에서 깨어 창가로 다가갔을 때, 빙하 위쪽은 이미 다시 햇살이 내리쬐고 있었다. 계곡까지 해가 닿기에는 아직 시간이 더 필요했다. 프루트의 집들과 괴셰넨 쪽의 가장 마지막 농가들은 10월 말부터 2월 말까지 햇빛을 받지 못한다. 하지만 마을 앞쪽과 로이스계곡 아래로는 정오가 되기 전 햇살이 스며들 것이다.

나는 돌아가는 길 중 일부는 산악 썰매를 타기로 결심했다. 물론 오늘 하루 더 이곳에 머물 수도 있었지만, 날씨가 곧 변할 것 같았다. 나는 이 두 번의 빛나는 날들을 흐린 작별로 마무리하고 싶지 않았다. 그래서 쉴레넨 협곡까지 가볍게 산책을 다녀와 정오쯤 작별 인사를 했다. 그리고 튼튼한 산악 썰매를 빌렸다. 이 썰매는 나중에 기차로 돌려보내기로 약속했다.

선로 너머에 앉아 몸을 낮춰 출발했다. 로이스 협곡 위로 단 두 번 짧게 쉬었을 뿐, 바센까지는 삼십 분도 채 걸리지 않았다. 바센 앞을 지나고 통과하는 동안 길은 오르막이었다. 그 후 구르트넬렌까지 내달렸고, 동화 같은 다리를 지날 땐 거의 멈추지 않고 가장 빠른 속도로 달렸다.

활기찬 돛배나 스키 타기 외에 이렇게 낮은 썰매 위에서 차가운 공기와 눈으로 된 벽을 가르며 미끄러지듯 내려오는 것만큼 황홀한 경험은 없을 것이다. 내 뒤로는 겨울 햇살이 내리쬐고 있었고, 앞으로는 푸른 하늘 아래 거대한 산봉우리들이 대담하고 시원하게 쉬고 있는 모습이 펼쳐졌다.

내 여행은 끝이 났다. 썰매를 반납하고 기차에 오를 시간에 딱 맞춰 도착했다. 어제 내가 이곳에 도착했을 때만 해도 로이스계곡과 호숫가는 여전히 눈에 덮여 있었다. 그러나 푄 바람이 불어오며 계곡 아래쪽에서는 눈이 녹기 시작했다. 우리가 계곡 아래로 갈수록 알트도르프Altdorf와 플뤼엘렌의 이미 젖어 회녹색으로 변한 초원이 눈에 들어왔다. 초원은 따스한 한낮의 공기 속에 부드럽게 펼쳐져 있었다.

그라우뷘덴의 겨울날들

이마 위의 다정한 손

클로스터스Klosters에서 맑게 갠, 추운 아침에 눈 덮인 골목길과 초원을 올라갔다. 산봉우리들이 하나둘씩 날이 밝아오는 순간의 부드러운 황금빛 속으로 뛰어들어, 우유처럼 부드러운 하늘의 푸른 색조 속에서 장밋빛으로 웃고 있었다. 마을에는 아직 생기가 돌지 않았다. 영국인들은 그랜드 호텔에서 아직 잠을 자고 있었고, 아이들은 학교에 있었다. 여기저기서 소가 끄는 썰매를 타고 산 위로 올라가는 농부의 모습만 보였는데, 그 농부는 높은 곳에 있는 갈색 나무 헛간에서 건초를 가져오려 했다. 또 다른 농부는 나무하러 가는데, 무거운 손 썰매를 높은 손잡이에 매달아

끌고 갔다. 그 외에는 어떤 생명의 움직임도, 어떤 소리도 없었다. 오직 얼어붙은 눈 위에서 내 신발 바닥이 내는 뽀드득 소리와 계곡 아래 멀리서 들려오는, 거의 들리지 않을 정도로 먼 다보스-란트크바르트Davos-Landquart 철도의 씩씩대는 숨소리뿐이었다.

나는 천천히 올라갔다. 마을을 지나 태양의 경계선에 더 가까워졌는데, 그 경계선은 알아차리지 못하게 내게 다가왔고 나는 점차 간절히 그것을 원하게 되었다. 내 귀와 손이 뻣뻣하게 얼어 빨갛게 되었고 아팠기 때문이다. 비록 제대로 된 길은 아니었지만, 즐겁고 수고스럽지 않았다. 단단한 눈이 나를 편안하게 받쳐주면서도 내가 안전하게 미끄러지지 않고 바로 위로 올라갈 수 있을 만큼 충분히 발이 가라앉았기 때문이다. 두 마리의 맹금류, 아마도 황조롱이들이 높이 그리고 엄숙하게 서로 주위를 맴돌았다. 그 외에는 나 말고 산에 생명의 흔적은 더 이상 보이지 않았다.

깊이 숨을 쉬며 나는 더 높은, 태양이 비추는 눈 덮인 초원에 도달했다. 여기에는 더 이상 한기가 없었다. 한 시간 전에 내가 영하 12도의 추위 속에서 걸었던 것과는 달랐다.

그러나 오래 지나지 않아, 볕이 너무 강해져서 고글을 써야만 했다. 가파르게 기울어진, 반짝거리는 쌓인 눈으로 부드럽게 둥근 비탈 위로 이른 아침 햇살이 다이아몬드와 축제처럼 넘쳐흘렀다. 그 빛은 갑작스러운 무지갯빛을 이루며 반짝였고, 매끄러운 표면에서 얼음처럼 그리고 견딜 수 없이 웃어 보였다. 오목한 곳과 비탈의 가장자리를 부드럽고 아름다운 푸른 그림자로 채웠다. 서리와 얼음이 내 콧수염에서 녹아내렸고, 공기는 서서히 따뜻해지기 시작했다. 나는 이 장엄함을 맞이하고 겨울 햇살의 즐거움이 시작되는 것을 미리 맛보기 위해 첫 번째 짧은 휴식을 취했다.

겨울의 고산 태양보다 더 경이롭고, 고귀하며, 아름다운 것은 이 넓은 세상에 없다. 눈과 얼음과 바위에 반사되어, 빛과 따뜻함이 형언할 수 없이 투명한 겨울의 맑은 공기 속에서 황홀하게 춤춘다. 평지에서는 가장 화창한 날에도 전혀 알 수 없는, 섬세하고 부드럽고 건조한 따뜻함의 빛과 광채이다.

밝은 하늘은 점차 깊은 색을 띠기 시작했다. 봉우리에서 봉우리로 펼쳐지며 하늘은 가장 작은 안개조차 없이 깊고 눈부시게 머물렀고, 그 푸름은 마치 제비꽃 색깔처럼 짙었다. 동시에 따뜻함은 더해졌고, 나는 땀이 나지 않도록 종종 눈 위에서 휴식을 취했다. 코트를 팔에 걸치고 장갑은 주머니에 넣은 지 오래다. 가장 높은 외딴 건초 헛간 뒤로 전나무 숲이 시작되었고, 전나무 숲 뒤로는 접근할 수 없는 수직 석벽이 강렬하게 날카롭고, 선명한 윤곽으로 하늘을 향해 올라섰다.

뒤돌아보니 이제 깊고 넓은 계곡, 셀 수 없이 많은 봉우리, 유명한 것과 이름 없는 것들, 그리고 눈 속에 파묻힌 작은 마을들과 아래쪽으로는 어둡게 흐르는 란트크바르트 강이 보였다. 그동안 나는 모자를 벗고 셔츠 단추를 풀었다. 그리고 나서 숲과 바위 사이에 보호된 장소를 찾았는데, 그곳은 말라버린 이끼와 히스♦가 눈이 없고 건조하게 태양 아래 타오르고 있었다. 그곳에 나는 누워서 초콜릿 한 조각을 먹고 충분히 휴식을 취했다.

나는 마치 여름처럼 누워, 12월의 태양이 목과 팔에 따

♦ 황무지에서 자라나는 관목.

갑게 내리쬐는 것을 느끼며 보덴호수 근처의 내 고향을 편안한 마음으로 떠올렸다. 그곳에는 지금 습한 서늘함과 안개가 지배하고 있을 것이다. 그때 나는 손과 팔을 눈으로 씻기 시작했다. 이것이 놀랍도록 상쾌하게 느껴져서, 나는 서둘러 신발과 양말과 모든 옷을 벗어 던지고 기쁨의 외침을 지르며 거친 눈 속에서 몸을 떨며 목욕했다. 다시 옷을 입고 햇빛 아래 누워 있을 때, 나는 상쾌해진 피부 아래로 내 피가 가장 정제된 증기 목욕 후보다 더 편안하고 따뜻하며 생기 있게 순환하는 것을 느꼈다.

돌아가는 길 중 일부는 로덴* 재킷 위에 앉아 눈 위로 미끄러져 내려갈 수 있었고, 나머지는 걸어서 돌아왔다. 그리고 마침 적절한 시간에 클로스터스에 도착하여 훌륭한 점심 식사로 그동안 날카로워진 배고픔을 달랠 수 있었다.

호텔에는 나를 제외하면 모두 영국인뿐이었다. 휴식 시간과 긴 겨울 저녁은 꽤 고통스러웠다. 다행히 좋은 책을

◆   따뜻하고 방수 기능이 뛰어난 전통적인 고급 양모 직물.

한 권 가져왔다. 『마리아 승천』이라는 제목의 책으로, 이탈리아 보첸Bozen의 한 의사가 경험을 바탕으로 쓴 것이다. 하지만 나는 책 속에만 파묻혀 있을 수는 없었다.

영국인들과의 대화는 쉽지 않았다. 내 부족한 영어 실력 만큼이나 그들도 독일어나 프랑스어를 유창하게 구사하지 못했다. 게다가 그들 사이에서 나는 이방인이었다. 그들은 내가 관광객 복장으로 격식 있는 식사 자리에 앉아 있다는 사실을 일깨워 줬다.

결국 내게 남은 건 책을 읽거나, 우울해하거나, 손님을 관찰하는 일뿐이었다. 그 외에는 아무것도 남지 않았다. 그들은 이미 호텔 생활에 편안함을 느끼고 자기들만의 방식대로 즐겁고, 소란스럽고, 배려 없이 행동했다. 누군가는 지칠 줄 모르는 숨으로 아름다운 선율을 휘파람으로 불었고, 또 다른 이는 응접실에서 부츠 뒷굽으로 헤이즐넛을 깨고 있었다. 한 소녀는 당구대에서 하얀 고양이와 장난을 치고 있었다. 이런 분위기 속에서 조용하고 수줍은 성격의 사람이라면 견디기 쉽지 않았을 것이다. 절망하거나 와인에 의지할 수밖에. 나도 결국 후자를 선택했다. 그라우뷘덴은 놀랍도록 좋은 와인이 풍부하고, 상부 라인계곡에는 중부 라인 지역의 포도밭과 비교해도 손색없는 훌륭한 포도들이 자란다.

특히 내가 머무르는 란트크바르트계곡의 가장 아래에 자리한 말란스Malans는 놀랍도록 축복받은 와인 생산지다. 강렬하고 스파이시한 향이 감도는 레드 와인 외에도, 이곳에는 스페인 사람들이 오래전에 들여온 황금빛 화이트 와인 품종이 자란다. 콤플레터라 불리는 이 와인은 병을 흔들면 파란색으로 변하는 기묘한 특성이 있어 이곳에서만 구할 수 있다. 이 독특한 '결함'을 없애려고 애쓰는 와인 상인들이야말로, 차라리 자신들이 먼저 파랗게 변해버리는 편이 더 나을지도 모른다.

다행히도 저녁에는 가끔 이 지역 의사가 당구를 치러 호텔에 왔다. 그는 나만큼 당구를 서툴게 쳤고, 그가 설피雪皮를 신고 다니는 시골 진료에 대해 들려줬다.

다보스로 가는 길은 라렛Laret과 볼프강Wolfgang을 지나 굽이치는 길을 따라 산 위로 올라가야 한다. 일부 구간은 전나무 숲을 가로지른다. 다보스계곡 상류가 더 정감 있지만, 밤이나 흐린 날씨에는 클로스터스보다 훨씬 더 춥다. 이곳의 겨울밤이 영하 30도 이하로 떨어지는 일은 드문 일이 아니다.

다보스 도르프Davos Dorf와 다보스 플라츠Davos Platz 두 마을은 호텔 마을로서 알프스에서 가장 끔찍한 곳이지만, 계곡은 경이롭다. 사방이 햇볕에 열려 있고 아름다운 산이 들쭉날쭉한 능선을 그리며 둘러싸고 있었다. 이곳만큼 썰매, 스키, 스케이트를 즐기기에 완벽한 곳도 없을 것이다. 수많은 영국인과 스포츠 애호가들이 몰려드는 이유를 비록 나는 참여하지 않더라도 이해할 수 있었다.

그러나 다보스가 가진 다른 얼굴을 보았을 때, 내 흥미는 점점 사라졌다. 거대한 호텔과 요양원이 즐비했고, '결핵 환자는 침을 뱉지 마시오.'라는 경고판이 머나먼 풍경까지 자리하고 있었다.

그럼에도 다보스의 겨울 스포츠는 활기로 넘쳤다. 단련된 팔다리를 가진 사람들이 날렵하게 움직이는 것을 볼 수 있다. 스케이트장은 크고 유리처럼 단단하며, 주변 지역은 스키 여행을 위해 만들어진 것 같고, 썰매 코스는 내가 본

것 중 최고였다.

그러나 이 국제적인 스포츠 도시의 분위기는 감수성이 예민한 여행자에게는 오래 머무르기 힘든 곳이다. 나 역시 몇 시간 후, 산악 썰매를 타고 클로스터스로 돌아가기 위해 기꺼이 작별을 고했다.

이보다 더 아름다운 썰매 여행을 해본 적이 없다. 잘 닦인, 적당히 가파른 길 위에서의 질주는 빠르고 경쾌했다. 지나치게 힘들지도 않았다. 나는 낮은 썰매에 기대어, 거의 등을 납작하게 눕힌 채 숲을 지나 광활한 설경을 가로질렀다. 때로는 길, 때로는 높고 맑은 하늘에 시선을 두었다. 썰매가 일으킨 미세한 눈가루와 먼지구름이 차갑고 따끔하게 내 얼굴을 스쳐 지나갔다. 도중에 나는 다섯 명이 탄 봅슬레이가 전복되어 완전히 부서진 광경을 보았다. 그들은 아픈 팔다리를 문지르고 있었는데, 나는 서두르다가 그들을 가까이 미끄러져 다시 한번 그들을 들이받을 뻔 했다.

대략 한 시간 반 동안 올랐던 오르막을, 내려올 때는 채 십 분도 걸리지 않았다. 하얀 산의 겨울을 지나 달리며, 익숙한 삶보다 천 미터 높은 곳에서, 잊어도 될 것들은 모두 잊고 달렸다. 빛나는 정상의 광채와 높은 곳의 따스한 햇살

온기에서 산골짜기의 고요하고 엄격한 서늘함 사이를 휙
휙 지나 내려간다. 이곳에는 산의 정령이, 그 위대한 위로
자가 함께하고 있었다.

　　그리고 때때로, 내가 마음속으로 고통받을 때,

　　그는 빙하 길을 따라 조용히 함께 걸으며

　　다정하게 그의 서늘한 손을

　　내 이마 위에 얹었다, 내가 평화를 찾을 때까지.

베르너 오버란트의 목동 오두막 앞에서

봄이 깨어나는 소리

나는 다시 높이 쌓인 눈을 헤치며 아침 햇살 속 오두막과 과수나무 사이를 오른다. 풍경은 점점 뒤로 멀어진다. 전나무 숲이 거대한 산을 향해 혀처럼 길게 뻗어 있다. 그너머, 나무조차 자라지 않는 고요한 높이엔 여름까지도 녹지 않고 남아 있을 순결한 눈이 쌓여 있다. 새하얀 눈이 움푹 패인 자리로 벨벳처럼 매끄럽게 쌓여 있고, 바위 절벽 위로는 처마처럼 매달려 있다.

배낭과 스키를 등에 짊어지고 가파른 숲길을 한 걸음 한 걸음 올라간다. 길은 미끄럽고 때때로 얼어 있어 대나무 지팡이 끝의 강철이 삐걱거리며 눈으로 박힌다. 걸을수록 몸이 따뜻해지고 숨결이 얼어붙어 콧수염 끝에 달라붙는다.

모든 것이 하얗고 푸르다. 온 세상은 차갑게 빛나는 백색과 시원한 청색으로 가득 차 있다. 산봉우리의 윤곽은 흠 없이 빛나는 하늘을 향해 날카롭고 차갑게 솟아 있다. 나는 숨 막힐 듯 빽빽하고 어두운 침엽수림으로 들어선다. 스키가 나뭇가지 위에 드문드문 남은 눈을 쓸어내린다. 매서운 추위가 몰아친다. 나는 잠시 멈춰 다시 외투를 걸친다.

숲 위로 가파른 눈 비탈이 있다. 길은 좁고 상태가 나빠졌다. 나는 몇 번이나 허리까지 쌓인 눈 속으로 빠진다. 변덕스러운 여우 발소리가 함께 이어진다. 때로는 오른쪽, 때로는 왼쪽 길가에서 섬세하고 장난스러운 곡선을 그리다가 이내 산으로 돌아간다.

이곳에서 정오의 휴식을 취하려 했다. 마지막 오두막은 좁은 목초지 가장자리에 자리 잡고 있다. 문과 창문 덮개가 조심스럽게 닫혀 있고 그 앞에는 남쪽을 향한 작은 벤치가 있다. 맞은편에는 우물이 있는데 눈 아래 깊숙이 묻혀 어둡고 유리 같은 물소리를 내며 울린다. 나는 알코올 버너를 켜고 냄비에 요리를 채운다. 가득 차 있는 배낭에서 차 꾸러미를 찾는다. 태양이 하얀 알루미늄에 눈부시게 반짝이고 취사도구 위로 공기가 소용돌이치는 모양으로 떨린다. 눈 아래 잠긴 우물에서는 드문드문 꼴깍 소리가 들려온다. 그 소리 말고는 하얗고 푸르른 겨울 세계에서 어떤 움직임도 소리도 찾을 수 없다.

오두막 주변으로는 돌출된 지붕 덕분에 눈이 녹아 작은 길이 드러나 있다. 그곳에는 전나무 판자와 장대, 장작들이 눈 덮인 황무지 한가운데서 여기저기 흩어져 있다. 고요함, 깊은 고요함이 이어진다.

가끔 취사도구 위로 떨어진 눈 알갱이가 지글거리거나, 멀리 뽀족한 나무 꼭대기에서 까마귀가 울음을 터뜨릴 때면, 그 소리들은 오랜 고요함에 익숙해진 귀에 유난히 큰 소리로 들린다.

문득 나는 반쯤 깬 채로 앉아서 꿈꾸고 있었다. 얼마나 지난 건지 불확실한 채로 무한히 약하고, 무한히 부드러운 소리가 낯선 마법처럼 내 귀에 울린다. 그 소리의 의미를 알아내기는 불가능하지만, 그 소리와 함께 모든 게 달라졌다. 눈은 더 부드럽게, 공기는 더 길게 늘어나고 빛은 더 달콤하게, 세상은 더 따뜻하게 다가왔다.

그리고 다시 그 소리. 빠르고 짧은 간격으로 반복된다. 이제 나는 그 소리가 무엇인지 알아차린다. 나는 미소 지은 채 바라본다. 그것은 지붕에서 땅으로 떨어지는 물방울 소리였다. 처음엔 하나, 둘. 그리고 이미 셋, 여섯, 열 방울이 동시에 떨어진다. 서로 어울려 수다스럽고 부지런히 쉼 없이 떨어진다. 얼어붙은 세계의 침묵이 깨지는 순간이었다. 지붕에서 눈이 녹고 있다. 겨울의 갑옷 속에 작은 벌레가, 작은 파괴자가 있다. 틱, 탁, 탁….

땅에는 넓게 번진 습기가 반짝이고 몇 개의 예쁘고 둥근 자갈이 빛나기 시작한다. 마른 전나무 바늘 몇 개가 내 손보다 작은 물웅덩이 위에서 빙빙 돌며 떠다닌다. 오두막 지붕의 무거운 물방울들이 느긋하게 떨어진다. 하나는 눈 속으로, 하나는 맑고 차가운 돌 위로, 하나는 그것을 탐욕스럽게 삼키는 마른 널빤지 위로 둔탁하게, 하나는 너무 깊게 얼어 있어서 천천히, 아주 천천히만 흡수할 수 있는 맨 땅 위로 넓고 풍성하게.

땅이 완전히 녹을 때까진 사 주에서 육 주 정도가 걸릴 것이다. 그러나 그 아래에는 보이지 않게 잠든 작고 영양 가득한 풀씨가 싹을 틔울 것이다. 그리고 돌 사이에서는 섬세한 꽃을 가진 왜소한 잡초들, 작은 미나리아재비, 광대나물, 부드러운 양지꽃, 거친 민들레가 자랄 것이다.

한 시간 만에 이 작은 장소는 완전히 변했다. 여전히 사방에는 사람 키만큼 높게 눈이 쌓여 있고 앞으로도 오랫동안 그럴 것이다. 하지만 오두막 주변은 이제 해방된 생명력이 간절한 삶을 숨 쉬고 있다.

목재 더미에 쌓여 있는 눈 가장자리에서 조용한 물방울 하나가 다른 물방울에 이어 살며시 흘러내려 나무로 소리 없이 스며든다. 지붕에서는 눈이 줄어들지 않는 것처럼 보이는데도 녹은 물은 빠르게 떨어진다. 문지방 앞의 습기를 머금은 땅은 정오의 햇살 속에서 얇은 구름 조각들을 내뿜는다.

식사를 마치고 외투와 조끼까지 벗었다. 햇볕을 쬐며 나는 이 작은 '봄의 섬'과 일부가 되었다. 내 신발로 작게 반짝이는 웅덩이와 빛나는 이슬방울 하나하나가 몇 시간 후면 얼음이 될 것을 알면서도 나는 이미 봄이 움직이기 시작한 것을 보았다.

가난하고 메마른 산의 봄. 그토록 많은 적(敵)과 힘든 환경 속에서도 살아가고 움직이며 만끽하고 싶어한다. 봄은 얼어붙은 침묵 속에서도 그저 거기 존재하며, 조용히 모든 것을 품고 있다. 풀이나 벌, 앵초나 가장 작은 개미도 떠올릴 수 없는 동안, 마치 소년처럼 존재하는 것만으로도 만족하고 혼자서도 기꺼이 자신만의 놀이에 빠져든다.

그리고 이제 봄은 가장 달콤한 놀이를 시작한다. 아직은 깊이 묻힌 채 오두막과 그 주변의 작은 공간에만 머물러 있지만, 그 작은 영역 안에서 유일한 생명체인 목재에 집중한다. 들보와 문짝, 판자와 지붕널, 도마와 지붕 아래 감춰진 뿌리와 놀이한다. 봄은 이들에게 정오의 햇살을 흠뻑 적셔 목마르게 하고, 녹은 물을 마시게 한다. 잠들어 있던 목재의 숨결을 열게 한다. 방금까지만 해도 죽어 영원히 변화의 순환에서 제외된 듯 보였던 목재가 다시금 생명을 느끼기 시작한다.

나무였던 기억과 햇빛과 성장의 시간들, 저 멀리 지나온 젊음에 대한 기억이 되살아난다. 목재는 꿈속에서 약하게 숨 쉬며, 갈망하듯 습기와 햇살을 빨아들인다. 굳어진 섬유질이 팽창하며 여기저기서 딱딱 소리를 내고 천천히 움직인다. 그리고 내가 널빤지 위에 누워 잠들려 할 때 반쯤 죽은 목재에서 놀랍도록 가볍고 친밀한 향기가 피어오른다.

그 향기는 연약하고 어린아이 같으며 감동적인 대지의 순수함으로 가득 차 있다. 또한 봄과 여름, 이끼와 시냇물과 동물과의 공존도 가득 담고 있다.

그리고 나, 이 고독한 스키 여행자는 사람들과 책, 음악과 시, 여행에 익숙하고 기차와 마차로 인간 세계의 풍요속을 지나 설피를 신고 이 외딴 산속까지 올라왔다. 햇살아래에서 피어나는 목재의 따듯한 향기는 도시가 오랫동안 내게 주지 못했던 것을 건넨다. 그것은 내가 지나온 수많은 풍요보다 더 깊게 내 영혼에 스며든다.

그리고 그 향기는 오랫동안 인간 세계로부터 받은 모든 것보다 더 멀고 깊은, 어린 시절의 기억을 일깨운다.

1928

겨울 휴가

산의 태양, 눈, 별빛 공기

일은 결코 생각했던 대로 되지 않는다. 수년 동안 나는 나의 숲속 생활을 베를린에서 문화라고 부르는 것과 좀 더 조화시키려고 노력해 왔다. 몇 차례 겨울을 도시에서 보냈고, 취리히에 임시 거처를 마련했으며, 이따금 슈투트가르트, 프랑크푸르트, 뮌헨까지 가보는 용기를 냈다. 심지어 가끔은 베를린에 몰래 그리고 익명으로 짧은 방문을 한 번 해볼지 진지하게 생각했다. 단지 이 대도시에 대한 내 생각이 정말로 사람들이 매일 나에게 말하는 것처럼 그렇게 시대에 뒤떨어지고 바보 같은 것인지 보기 위해서였다. 그런데 이제 나는 베를린이 아닌, 해발 1,800미터 높이의 그라우뷘덴 산악지대, 아로사Arosa에 앉아 있다. 내 건강을 친절하게 배려하여 사람들이 나를 이곳으로 보낸 것이다. 그러나 문제는 폐가 아니다. 의사의 주소나 약용 허브차 샘플을 보내지 말기를 부탁한다. 내게 부족한 것은 그런 것이 아니다.

친구들이 나를 이곳 눈 속으로 보냈을 때, 그들은 단순히 잠시 나를 떼어놓고 싶었던 게 아니라면 내게 부족한 것이 맑고 차가운 고산 공기일 것으로 생각했다. 아마도 기차역, 서재, 무도회장의 무거운 공기 대신 산의 태양, 눈, 별빛 공기가 나를 둘러싸면 내가 회복되리라 생각했을 것이다. 그리고 이제 나는 여기, 아로사에 있다. 십여 년 만에 처음으로 다시 산속에 발을 들인 것이다. 대도시 대신 눈, '문화' 대신 전나무 숲과 뮌 폭풍, 베를린 대신 그라우뷘덴. 이렇게 나는 내 의지와 반대로 이번엔 이끌려 왔다. 그리고, 항상 그렇듯이, 이러한 이끌림은 탁월했다. 게다가 내 계획이 완전히 실패한 가운데, 그 계획의 일부가 내가 찾지 않았음에도 불구하고 이번에도 역시 저절로 이루어지는 일이 벌어졌다. 왜냐하면 비록 단 하루의 저녁뿐이었지만, 나는 이 고산 지대에서 베를린과 베를린의 공기를 발견했고, 몇 시간 동안 대도시 생활을 위한 내 예행연습을 더 완벽하게 할 수 있었다.

처음에는 내가 젊은 시절 그렇게도 사랑하고 구애하고 찾아다녔던 산들이, 그러나 오랫동안 완전히 떠나버리고, 소홀히 하고, 거의 잊고 지냈던 산들이 나를 결코 친절하게 맞이하지 않았다.

자연에는 감상적인 것이 없다. 나는 아로사로 천천히 올라가면서, 눈 덮인 계곡들, 어두운 시냇물 협곡들, 빛나는 하얀 봉우리들을 다시 보며 가슴 떨림과 감동으로 내 젊음의 일부가 다시 내 안에서 깨어나는 것을 느끼고 수백 가지 서글픈 기억들의 폭풍에 휩싸였다. 하지만 산들은 이 다정한 인사에 자연이 언제나 우리 인간들, 자신의 가장 재능 있고 길 잃은 자식들을 맞이하는 그 조용하고, 단단하고, 약간은 냉소를 머금은 듯한 태연함으로 응답했다. 이상한 감정들이 내 호흡을 무겁게 만들었고, 매 걸음마다 나는 내가 더 이상 젊은이가 아니라 손상된 회복 중인 환자라는 것을 상기했다. 그리고 내게는 지금 조용한 고갯길을 넘고 험

준하고 고생스러운 정상에 오르는 스키 여행으로 젊은 시절을 반복하는 것이 아니라, 우선 가장 기본적인 것에 적응하고 스스로를 증명해야 한다는 것을 깨달았다. 땀 흘림과 오한 사이에서, 귀찮은 작은 열병의 떨림과 함께, 지속적으로 불안하고 약간 아픈 심장을 안고, 밤에는 잠 못 이루며 나는 첫 적응을 완료해야 했다. 그리고 내 스키를 신어보는 것은 고사하고, 스키를 타는 것을 생각할 수 있기까지 여러 날이 지나갔다.

훌륭한 호텔이 내게 큰 도움이 되었다. 나는 반나절이나 종일을 아무것도 하지 않으며 보내는 법을 배웠다. 침대에서, 응접실에서, 안락의자에서. 그러나 점차 나는 눈 속으로 나갈 용기도 내게 되었다. 그곳에서는 매끄럽게 다져진 작은 연습 언덕에서 수백 명의 요양객들이 스키를 타고 돌아다니며, 강사들이나 더 숙련된 동료들에게 스키 타는 법을 배우고 있었다. 나는 이 분야에서도 많은 진보와 혁신이 이루어졌음을 알 수 있었다.

사람들은 더 이상 내 젊은 시절과 스키 타던 시절처럼 운 좋게 산을 오르고 내리며, 가능한 한 빨리 마을과 호텔에서 벗어나 정상에 도달하는 단 하나의 목표만을 가지고 다니지 않았다. 대신 그들은 실질적이고 질서 있게 스포츠 자체를 위해 스포츠를 즐기고 있었다. 나는 조심스럽게 내 오래된 판자들을 발에 매어보았다. 한 쌍의 좋은 오래된 노르웨이 스키였는데, 수많은 투박한 여정을 거치며 매끄럽고 얇게 닳아 있었다. 젊음은 더 이상 없었고, 힘과 호흡이 부족했으며, 야망과 모험심도 부족했다. 하지만 한때, 십이 년에서 십오 년 전에 내가 스키에서 배웠던 것들, 그것은 모두 즉시 다시 할 수 있었다.

내가 산 공기에 조금 다시 익숙해지고 호텔 계단이나 연습 언덕을 심장이 너무 뛰지 않고 오를 수 있게 되자마자, 나는 이곳 위에서 문화의 마룻바닥을 밟을 용기도 내게 되었고, 어느 저녁 요양소 홀에서 강연을 열었다. 베를린과 독일의 다른 지역에서 온 아름답고, 즐거운, 멋지게 차려입은 많은 여성과 소녀들이 있어서, 나는 앞서 말한 마룻바닥에 대해 평소의 주저함을 느낄 여유가 없었다. 나는 한 시간 동안 이번에는 이 즐겁고, 우아하고, 스포츠에 단련되고, 대도시적인 사람들의 세계와 뛰어나게 소통할 수 있다는 인상까지 받았다.

문학적 행사는 진행되었고, 그것이 끝나자마자 우리는 훨씬 덜 진지한 오락으로 넘어갔다. 요양소 홀에서 와인과 간식을 즐기며 앉아, 재즈 밴드가 연주하는 것을 듣고, 아름답고 우아한 커플들이 새로운 춤을 추는 것을 보았다. 그리고 그 빛나는 홀 곳곳에는 바로 그 쾌활하고 날렵한 삶의 긍정과 잘 짜인 사교 장치, 전후 시대 사람들의 빛나면서도 문제들을 멀리하는 낙관주의가 지배했다. 내가 너무나 경탄하지만 안타깝게도 전혀 배울 수 없는 그런 것들 말이다. 간단히 말해, 나는 하룻밤 베를린이나 파리에 있었고, 좋은 와인의 도움으로 비록 느끼지는 못했지만 거의 이 세계의 일원처럼 행동할 수 있었다. 하지만 나중에 숙취가 내게 말해주었다. 내가 스스로를 속였다는 것을. 그리고 마룻바닥, 응접실, 댄스 플로어가 나에게는 연습 언덕보다 훨씬 더 위험하고 소화하기 어렵다는 것을.

나는 다시 물러나, 내 작고 깨끗한 호텔 방에서 시와 작은 그림들로 시간을 보냈다. 밖에서는 눈이 내렸다. 밤낮으로 눈이 내렸고, 스위스 아르벤 소나무들은 눈 아래 휘어졌다. 그리고 문화적 숙취가 지나간 후, 어느 아침에 나는 깨달았다. 이곳 위에서 나를 그토록 차갑고 담담하게 맞이했던 자연이 단지 약간의 구애와 사랑만을 기다리고 있었다는 것을. 옛날처럼 나에게 다시 그 많은 신비로운 얼굴들을 보여주기 위해.

비록 나는 아직 제대로 된 여행을 할 수는 없었지만, 내 감각들은 깨어났다. 차갑게 장밋빛을 띤 저녁 빛 속에서 내 눈으로 산비탈의 그림자와 오목한 곳들을 읽어내듯이, 나는 스키를 타고 내려가면서 모든 사지와 근육으로, 특히 무릎 뒤쪽으로, 산비탈의 살아 있고 변화무쌍한 구조를 더듬어 느꼈다. 마치 연인의 손이 연인의 팔과 어깨, 등을 느끼고, 그 움직임에 응답하며, 그 아름다움에 손길로 대답하듯이. 이제야 나는 다시 산에 있고, 이제야 눈과 하늘, 아르벤 소나무 숲과 바위 봉우리가 다시 친숙하고 사랑스럽게 느껴진다.

정오에 나는 추겐Tschuggen의 오두막들 중 하나에 앉아, 배낭에서 빵과 과일을 맛있게 꺼내어 먹고, 팔다리를 뻗고, 나무 벤치에 누워, 이미 빨갛게 탄 내 얼굴에 강렬한 태양이 달아오르는 것을 느끼며, 오두막 지붕에서 떨어지는 눈이 녹은 물소리를 듣는다. 그 소리는 눈 사막 한가운데서 마치 이른 봄과 다가올 꽃들에 대한 수줍은 노래처럼 들린다. 나는 삐걱거리는 스키 위에서 커다란 경사 중 하나를 올라간다. 그곳은 숲이 끝나고 하얗고 얼어붙은 언덕들이 연이어 솟아올랐고, 나에게 티베트의 모험적인 높은 산길을 떠올리게 한다.

나는 그 경사 중 하나를 내려가며, 무릎을 부드럽게 하고, 수백 개의 작은 단과 굴곡의 형태가 머리까지 새겨지는 것을 느낀다. 그것은 음악처럼 흐르며, 나를 사랑과 통합의 모험으로 초대한다. 나는 갑작스러운 절벽에 놀랐는데, 그 끝에는 검은 트인 시냇물이 위협적으로 있거나, 눈에서 훵하게 솟아오른 돌덩이가 있다. 나는 서둘러 그것을 피하려 하고, 내 작은 판자들에 대한 통제력을 잃고, 격렬하면서도 부드럽게 산비탈로 넘어졌다. 목과 목덜미에 눈이 간지럽게 느껴졌고, 다시 일어나 출발하는 동안에도 여전히 놀람과 충격이 일 분 동안 느껴졌다. 나는 울타리를 넘어야 하고, 눈에서 보이는 알프스 장미 덤불의 녹슨 듯한 붉은 갈색의 가지들을 나무판자로 스치고, 다시 넘어졌다. 그리고 모든 광경, 모든 모험, 모든 낙상은 내게 수백 개의 잊힌 그림들, 과거 수년간의 수백 가지 비슷한 작은 경험들, 엥가딘과 프래티가우Prättigau, 고트하르트, 베르너 오버란트Berner Oberland를 떠올리게 한다.

나는 초보자로서 작은 산책을 하는 것이고, 진정한 스키 타는 이가 여가 시간에 가볍게 하는 코스를 가는 데 나는 반나절이 필요하다. 하지만 나는 다시 눈의 질감을 맡는 법을 배웠고, 산에 몸을 맡기고, 산의 장난에 내 근육의 힘으로 대응하는 법을 배웠다.

그리고 나는 이런 작은 것들을 예전 젊은 시절과는 다르게 경험한다. 아마도 조금 더 가볍게, 그리고 의심할 여지 없이 덜 열정적이고 덜 격렬하게. 하지만 그 대신 더 조심스럽게, 더 부드럽게, 더 배려하며, 더 경험 많게. 마치 나이 든 연인이 맹목적인 젊은 시절의 열정과 힘 대신에 여인에게 더 많은 부드러움, 더 많은 이해, 더 많은 감사를 보여주는 것처럼.

그렇게 나는 한때 내 친구였다가 거의 잊고 있던 산들에게 다시 구애한다. 그리고 산들은 내 구애에 응답한다. 지나치지 않게, 격양되지 않게, 다만 친절하게. 그들은 나와 조금 놀아주고, 아름다운 시선을 내게 선물하며, 그러다가 갑자기 내게 발을 걸어 넘어뜨리고 그들의 어두운, 적대적인 얼굴 중 하나로 나를 순간적으로 놀라게 한다—저녁 어스름이나 폭설 전의 눈 덮인 산들은 그렇게 무시무시하게 위협적이고, 깊이 적대적이며, 치명적으로 보일 수 있다—.

이주 후에는 사실 다시 떠나야 한다. 아래 도시에서 강연해야 하고, 이런저런 일을 해야 한다. 나는 이 의무들을 이행할 생각이다.

하지만 때로 눈 속에서 비틀거리다가 넘어진 자리에서 일어날 때, 나는 가끔 출발 전날 작은 사고가 일어나기를 바란다. 정말 작은 스키 사고, 죽지는 않을 정도지만 아로사에서 내 휴가를 조금 더 연장하기에 충분한 그런 사고 말이다.

෧෨

1945

리기산에서의 휴식

아름다운 날을 위한 찬미

메마르고 타버린 테신Tessin 지방과 정원에서 벗어나 우리는 잠시 리기-칼트바트Rigi-Kaltbad로 피신했다. 거기선 가장 선명한 전망과 함께 며칠간의 따뜻한 여름을 즐길 수 있다. 이 산의 정상은 참 아름답다. 내가 예전, 약 사십오 년 전에 썼던 『헤르만 라우셔의 유고』에서 이 산을 지루하다고 평했는데 그에 대해 사과해야겠다. 그때 나는 아직 산을 제대로 보지 못했고 으레 청년이라면 그렇듯, 호수와 물의 색채에 빠져 있었다. 나는 날마다 해안가와 노를 젓는 배에서 그 색채를 관찰하곤 했다.

그 시절 나는 단 한 번 리기-쿨름Rigi-Kulm까지 올라갔지만, 그곳은 내게 낯설고 어색하게 다가왔다. 관광 산업이 빚어낸 인공적인 분위기에 거부감을 느껴 서둘러 산을 내려와 호수를 바라보는 일에 몰두했다. 오늘날 나에게는 급격한 고도 변화가 부담스럽게 다가오지만, 그때는 그런 불편함을 아직 알지 못할 만큼 젊었다.

그 대신, 나는 진정한 산의 가치를 깨닫기엔 성급했고 관광객 무리와 호텔, 기차, 엽서에 대해 무관심해질 수 있는 평온함과 인내도 갖추지 못했다. 당시에는 그것이 최선이었다. 라우셔의 호수는 내게 진정 위대한 경험을 선사했고, 그때 놓쳤던 것을 오늘 다시 만회할 수 있다.

처음 며칠은 여전히 건조하고 따스하며 맑은 날들이 이어졌다. 산은 자신의 웅장한 면모를 보여주었고 사람들은 걱정 없이 산책을 즐겼다. 초원의 짧은 풀밭에 편안히 몸을 눕히고 아침부터 저녁까지 변함없이 펼쳐진 광대한 전망을 즐길 수 있었다. 원하는 대로 수많은 봉우리를 찾아보거나 다시금 그들의 매력을 발견하는 즐거움을 느끼거나, 휴식을 취하며 색채와 빛, 그림자의 변화를 따라 거대한 파노라마 속 기이한 기하학에 온몸을 맡길 수 있었다.

산 정상 능선의 바위와 눈, 햇살을 받는 모서리와 어두운 협곡의 교차. 이 들쭉날쭉한 다양성을 담은 풍경을 가로지르는 작은 구름 그림자는 마치 시의 리듬과 쉼표처럼 사람의 마음을 사로잡고 매혹시킨다. 이 머나먼, 크고 눈부신 곳에서 시선은 다시 가까운 곳으로 돌아온다. 가까운 곳은 더욱 빠르고 쉽게 우리의 마음을 이끌며, 그 매력과 마법은 결코 덜하지 않다. 동화처럼 펼쳐지는 바위 무리와 협곡은 일부는 감정적이고 성스러운 느낌을 주며, 어떤 것은 작고 귀여워서 어린이들이 놀기에 이상적인 공간이 된다.

닫힌 녹색 거실 같은 숲, 작은 방처럼 느껴지는 동굴. 그곳에는 좁은 바위틈과 난쟁이처럼 기이한 전나무, 고사리와 뱀처럼 얽힌 뿌리줄기들이 어우러져 있다. 습하고 푸르며 이끼가 낀, 강렬한 향기로 가득한 이 작은 풍경들은 내 어린 시절과 슈바르츠발트Schwarzwald를 떠오르게 한다. 전나무와 이끼, 제라늄 향기가 나는 이러한 은신처 중 하나에서 나오면, 곧 끝없이 펼쳐진 푸른 광활함이 다시 눈앞에 펼쳐진다. 호수와 밝은 에메랄드빛으로 반짝이는 초원과 흐르는 강줄기, 어두운 숲, 그리고 작은 마을이 모여 있는 산기슭이 보인다.

풀과 전나무, 바위, 드문드문 핀 꽃들 사이 어딘가에 누워 있거나 앉아 있을 때, 내 아래 천 미터 깊이로 반원 모양의 청록색 호수가 펼쳐진다. 그 주위로 장난감처럼 작은 마을과 구불구불한 도로가 보인다. 바로 비츠나우Vitznau다. 사십 오 년 전 나는 그곳에서 『헤르만 라우셔의 유고』를 쓰고 『페터 카멘친트』를 위한 첫 연구를 시작했다. 하지만 나는 그때의 기억에 깊이 빠져들 수 없다. 그 시절과 젊은 나는 저 아래 작은 마을과 푸른 만처럼 멀고, 낯설고, 비현실적으로 느껴진다. 그것들은 마치 나와 아무 상관이 없는 것처럼 여겨진다.

그 당시에는 리기산은 나와 상관없는 듯했고 나를 밀어냈다. 그때의 나는 여름과 더위, 물과 노 젓는 배에 사로잡혀 있었다. 조용한 해안을 따라 작은 바위 반도와 곶의 주변을 돌며 꿈결처럼 노를 저었다. 그리곤 물속에서 색채 놀이를 연구하고 숨겨진 만에서 수영하고, 강렬한 여름 햇빛 아래 눈을 감은 채 멍하니 있었다. 나는 혼자였고 편지도 거의 받지 않았으며, 신문도 읽지 않았다. 그저 대형 호텔과 증기선의 손님들을 멀리서 불신과 호기심이 섞인 눈으로 바라보았다.

사람들 없이, 현재 없이, 사회 없이 살아가는 삶을 찾고자 했다. 자연을 관찰하며 그 속에서 진정한 삶을 찾고자 했다. 그때 누군가 내게 말했더라면, 언젠가 당신은 노인이 되어 저 위 리기산의 그랜드 호텔에 묵게 될 것이라고, 흐르는 선율과 함께 차를 마시고 십오 분이나 삼십 분 정도의 짧고 느린 산책을 하고, 벤치에서 오래 쉬거나 호텔 방에서 오후 우편물로 고심하게 될 것이라고 했다면, 아마 나는 믿지 않았을 것이다.

머나먼 하늘에서부터 커다란 구름이 몰려오고 있었다. 날씨가 변하려 했다. 공기는 부드럽고 습하다. 넓게 구름이 덮인 하늘과 약간의 바람이 불어오는 가운데, 호수는 시원하고 일시적인 색채의 소나기가 마법처럼 펼쳐진다. 모든 것이 강렬한 햇살로 가득했던 마지막 날들보다 더 다채롭고, 입체적이며, 비밀스럽고 생동감 넘친다. 하지만 과거로부터, 비츠나우와 브루넨으로부터, 라우셔와 카멘친트에서는 아무런 여운도 불러오지 않는다.

그것은 더 이상 목소리가 없고 나는 귀가 없다. 이는 위안이자 좋은 일이다. 그렇지 않으면 그것이 내 마음을 찢어놓을 것이고, 나는 여기 호텔에서 내가 한때 무엇이었는지, 혹은 무엇이 되고자 했는지를 곱씹으며 절망적인 마음이 될 것이다. 노년에는 많은 불편함이 있다. 하지만 그것 또한 은혜의 선물을 품고 있다. 그중 하나는 우리의 문제들과 고통 사이에 자라는 망각, 피로, 순응의 보호층이다. 그것은 게으름, 석회화, 추한 무관심일 수 있지만 순간의 빛에 의해 조금 다르게 비치면, 평온함, 인내, 유머, 높은 지혜, 그리고 도道가 될 수도 있다.

저 아래 아름다운 호수의 만에는 나와 관련된 무언가가 계속 살아 있다. 나에게 요구하고 나에게 슬픔을 주려 하는, 어쩌면 언젠가는 완화되지 않고 쓰라리게 겪고 정리해야 할 무언가. 하지만 오늘은 그럴 시간이 아니다. 저 아래에 있는 것은 요구도, 후회도, 비난도 아니다. 그것은 단지 하나의 이미지, 수많은 것 중 하나의 기억일 뿐이다. 심지어 훨씬 후의 시간인 1916년, 루체른Luzern 지역이 다시 한동안 내 위기와 투쟁의 무대였던 때에 대한 기억도 몇 가지 피상적인 것만 떠오를 뿐이다. 마치 내게 과거가 없었던 것처럼 느껴진다.

우리는 구름 속에 있고 날은 매우 서늘해졌다. 오늘 우리가 계속해서 보는 풍경들은 종종 중국과 일본 그림을 떠올리게 한다. 구불구불한 구름 뱀에서 솟아오른 바위나 숲의 봉우리들. 수염 난 울퉁불퉁한 전나무는 홀로 외로이 구름 조각들에 둘러싸여 있다. 심지어 철제 파빌리온과 호텔의 작은 탑은 얇고 막대기 같다. 구식 건축물들도 서로 잘 어울린다.

정오부터 강한 비가 쏟아졌다. 니논Ninon Hesse[*]은 감기에 걸렸다. 산으로 여행할 때 두려워했던 추위가 시작되고 있다.

우리는 쿨름Kulm으로 올라간다. 나는 수십 년 전 어딘가에서 읽었던 장면, 프리드리히 뤼케르트Friedrich Rückert[**]가 이곳 위에 나타났던 것을 기억한다. 그리고 우리는 아달베르트 슈티프터Adalbert stifter[***]가 이곳에 등장시킨 아름다운

---

[*] 헤르만 헤세의 세 번째 부인.
[**] 독일 시인.
[***] 오스트리아 문학가, 화가.

140

여인에 대해서도 생각한다.

극적이고 폭풍처럼 움직이는 하늘 아래, 대지는 때로는 창백하고 비현실적으로, 때로는 날카로운 윤곽선이 선명하게 아래에 펼쳐진다. 산의 중턱에는 작은 숲이 있는데 넓은 분지에 반원형으로 뾰족하게 자리하고 있어 마치 여우 꼬리나 수탉 꼬리를 닮았다. 그리고 이곳의 풍경이 한때 내 몇 안 되는 비행에서 가장 아름다운 인상 중 하나였다는 것을 떠올린다.

변덕스러운 굴곡이 많은 시냇가에 포플러나 오리나무가 좁은 간격으로 서 있는 모습. 이런 시내의 흐름이나 반원형으로 안겨 있는 숲 전체를 동시에 보는 것은 오직 조감도에서만 가능하다. 시선이 먼 설산에서 더 평평한 땅으로 옮겨갈 때, 그곳의 색채가 더 따뜻하고 다양해지며, 녹색, 갈색, 황토색 사이로 작은 마을들이 보이고 멀리 작은 호수들이 반짝이는 곳. 그때 나는 약간 답답한 느낌으로 저 뒤쪽, 땅과 구름이 서로 맞닿는 곳에 독일이 있음을 떠올린다.

춥고 비 내리는 날들이 지나 마침내 화창한 하늘이 펼쳐진 일요일이 찾아왔다. 그날, 평소보다 덜 외로웠던 산은 한층 더 활기차고 사교적인 얼굴을 하고 있었다.

우리는 곳곳에서 도보 여행객들, 개인과 가족들, 아이들 무리, 알프스 목동 옷을 입은 농부들, 친절한 긴 수염의 카푸친* 수도사들, 근엄한 모자를 쓴 검고 긴 옷의 수녀 무리와 마주쳤다. 산은 매우 가톨릭적이다. 이 모든 여행객과 산책자들은 행복하고 밝은 일요일을 닮은 얼굴을 하고 있으며 단춧구멍이나 입, 또는 모자에 꽃을 꽂고는 서로 인사하며 미소 짓고 아름다운 날을 찬미한다.

결국 오늘이 특별한 일요일, 축제일임이 드러났다. 호수 주변의 한 마을에서 사람을 가득 실은 작은 기차가 도착했다. 사람들은 깃발을 들고 기차에서 내렸고 깃발 중 하나는 새것이어서 아직 덮개로 싸여 있었다. 오늘 그 깃발이 축성祝聖될 예정이다.

◆　카푸친회는 프란치스코회의 파생된 분파 중 하나로 이곳 수도회 수도사들은 갈색 수도복과 뾰족한 두건을 쓴다.

이 의식은 칼트바트Kaltbad 근처 작은 광장에서 모자를 벗은 경건한 군중 앞에서 진행된다. 많은 남자와 젊은이들, 소녀들이 전통 의상을 입고 있었다. 오후에는 깃발 흔들기와 경기를 포함한 행진이 약속되어 있다. 우리는 이 축제를 놓치지 않았다. 나는 점심 휴식을, 니논은 그리스어 독서를 포기하고 말이다.

우렁찬 음악과 함께 축제 참가자들이 행진해왔다. 가장 아름답고 독특한 것은 세 개의 깃발을 흔드는 사람들이었다. 북을 치는 사람들처럼 느린 행진 속에서 그들은 짧은 손잡이가 달린 적백색 깃발을 한 번은 오른손으로, 한 번은 왼손으로 흔들었다. 깃발을 공중 높이 던진 다음 한 손으로 다시 받고, 느리게 움직이면서 깃발을 땅까지 내렸다가 그 위로 걸어 넘어갔다. 이 기술을 모르는 사람은 처음 몇 분 동안 약간 단조롭고 지루하게 느낄 수 있지만, 곧 대부분의 게임 규칙을 알아볼 수 있다. 무엇보다도 이 기술이 엄청난 힘과 많은 연습을 요구한다는 것을 알 수 있었다. 세 명의 멋진 젊은이들은 일본 검술 무용수의 진지함과 정확함으로 이 어려운 의식을 수행했다. 그것은 단순히 힘과 기술을 과시하는 것이 아니라, 존엄성, 진지함, 엄숙함이 가득한 신성한 상징적 행위였다.

우리의 즐거움은 특별한 볼거리와 함께 계속 이어졌다. 알프스 행진의 재현이었다. 꽃으로 장식된 이마를 가진 아름다운 가축들이 하나씩 차례로 몰려오거나 밧줄에 이끌려 나왔다. 맨 앞에는 젊은 황소가 섰고, 그 황소는 인도자를 꽤 숨 가쁘게 만들었다. 그 뒤로 암소와 수소의 예쁘고 작은 무리가 뒤따랐고, 마지막으로는 등에 구식 나무 침대를 싣고 있는 노새가 이어졌다.

축제가 열리는 며칠 동안 하늘에는 끊임없이 거대한 구름 극장이 펼쳐졌다. 때로는 구름에 둘러싸여 아무것도 볼 수 없었다. 간혹 12월처럼 어둠이 내려앉기도 했다. 하지만 어둠은 한 시간 이상 지속되지는 않았다. 어디선가 공기의 흐름이 짙은 안개에 구멍을 내고, 흩어지는 구름 조각들을 위로 몰아내며 문이나 창문, 또는 전망을 열어주곤 했다. 그러면 갑자기 믿기 어려울 만큼 흥미진진한 풍경들이 눈앞에 펼쳐졌다.

알브레히트알트도르퍼Albrecht Altdorfer *와 마티아스 그뤼네발트Matthias Grünewald ** 이후 거의 다시 그려지지 않았을 풍경들, 낙원 같기도 하고 묵시록적이기도 한 풍경들이 눈앞으로 떠올랐다. 거대하게 세워진 검은 지옥의 문을 통해 햇빛이 비치는 금빛 초록의 먼 곳을 바라보기도 하고, 반대로 잠시 따뜻하고 밝게 빛나는 근처의 풀과 돌 위에 반짝이는 물방울들이 대조를 이루며 두드러지기도 했다. 그곳에서는 종종 천둥소리가 들리거나 번개가 번쩍이곤 했다.

이곳에서 꼭 해내야 할 단 하나의 작업이 마침내 끝을 향해 가고 있었다. 물론 약간 의심스러운 완성이기는 하다. 이 작업에는 뚜렷한 규칙이 없었기 때문이다. 취리히 출판사에서 요청한 것은 대중적인 내 시들을 모은 선집이었고, 그 기준을 정하는 일은 전적으로 우리에게 달려 있었다.

* 독일 화가.
** 독일 화가.

145

아내와 나는 전집 한 권씩을 손에 쥐고, 상의하지 않은 채 각자 꼭 포함해야 할 시들을 몇십 편씩 골라 따로 표시했다. 결과는 뜻밖이었다. 우리가 공통으로 선정한 시의 수는 놀랄 만큼 적었다. 몇 편의 시를 제외하고 우리는 각자 자신만의 책을 만들어놓고 있었다. 우리의 구성은 서로 전혀 맞닿아 있지 않아 보였다.

이는 몇 개월 전, 『시에 관하여Über Gedichte』라는 에세이를 다시 정리해 친구들을 위한 개인 출판물로 냈을 때 품었던 생각들과도 맞닿아 있었다. 하지만 같은 시를 오랜 시간 함께 읽어 오며 그 시들에 대해 잘 안다고 느꼈던 우리조차도 이렇게나 다른 선택을 했다는 사실은 어떤 면에서 다소 씁쓸하게 다가왔다. 하지만 적어도 수십 년 동안 선집과 교재들 속에 자주 실렸던 네다섯 편의 시들이 여전히 그 가치를 인정받고 있다는 사실은 나에게 작은 위안을 안겨주었다.

알프스에서의 경험

반세기를 넘어 들려온 시의 노래

아말렉Amalek으로 향하는 가파른 길을 오른 건 오후 중 가장 더운 시간이었다. 내가 아말렉이라고 부르는 곳은 우리 호텔 근처에 있는 초원 분지로, 빽빽한 전나무 숲에 반원 모양으로 안겨 있는 곳이다.

며칠 동안 그곳에 텐트촌이 세워졌는데 밝고 경쾌한 텐트 열이 나에게 율리우스 슈노르 폰 카롤스펠트Julius Schnorr von Carolsfeld◆ 그림 성경에 나오는 아말렉인이나 블레셋인

◆ 독일 화가, 판화가.

들의 진영을 떠오르게 했다. 그 아말렉인 진영 근처에는 내가 휴식을 취하거나 그림을 그리거나 글쓰기 좋아하는 장소들이 몇 군데 있다.

날씨는 다소 후덥지근했고 눈 덮인 산봉우리 위로는 고요하고 웅장한 구름 산맥이 펼쳐져 있었다. 얇고 푸른 하늘 꼭대기 사이로 커다란 깃털 구름 떼가 변덕스럽게 모여 있었다. 때로는 가만히 머물다가 때로는 아래에서는 느껴지지 않는 바람을 타고 동쪽으로 부드럽고 꾸준하게 흘러갔다.

나는 내게 꼭 맞는 장소를 찾았다. 한가한 다른 사람들 자리에서 그리 멀지 않은 곳이었다. 그들은 그늘과 햇빛이 오가는 숲 가장자리에서 오후를 보내고 있었다. 누군가는 낮잠을 자고, 누군가는 책을 읽고, 또 다른 이들은 담소를 나누고 있었다. 대부분의 이들이 반쯤 또는 완전히 옷을 벗고 있었다.

경사가 가파른 지형으로 공간이 여러 층으로 나뉘어 있었다. 튀어나온 숲 가장자리가 자연스러운 구획을 만들어주었다. 덕분에 작은 공간에 꽤 많은 사람과 그룹이 서로 방해받지 않고, 심지어 서로의 존재조차 의식하지 않고 머물 수 있었다. 그렇게 나는 작은 바위 조각들 사이 움푹 파인 곳에서 자리 잡았다. 풀밭과 히스꽃 위에 앉거나 누운 채 완전히 혼자가 되었다. 숲의 그림자, 풀밭 경사면, 아래의 오두막 몇 채를 바라보는 전망과 안개 긴 라우터브루넨 계곡, 거대한 산들의 만년설과 얼음까지 이어지는 광활한 풍경을 오롯이 혼자 독차지할 수 있었다.

잠시 휴식을 취하며 더위를 식힌 뒤, 작은 서류 가방을 펼쳤다. 이런 산책에는 서류 가방을 꼭 챙겨 온다. 그것은 1910년 루돌프 모세Rudolf Mosse♦의 신문 카탈로그 린넨 표지로, 수십 년 동안 나와 함께했지만, 그리 낡아보이지 않는다. 나는 주머니에서 만년필을 꺼내 작은 메모장을 펼치고 그림을 그리기 시작했다.

작은 담장과 그 너머 베른식 통나무 오두막, 단풍나무

♦ 독일 출판업자.

두 그루에 가려진 모습과 그 뒤로 펼쳐진 멘리헨산 기슭의 가파르고 들쭉날쭉한 능선이 이어졌다. 그 뒤로 융프라우의 윤곽이 보였다. 하지만 그 능선은 내 종이의 한계를 넘어서는 것이어서 나는 대략적인 선만 그려두었다.

눈이 따가워져 왔다. 잠시 놀이를 멈추고 휴식을 취하기 위해 몸을 뻗었다. 바로 그때, 젊은 목소리들이 크게 들려왔다. 내 아래에서 소년 무리가 나타났다. 학교나 학급 단위로 온 듯 보였고, 배낭을 메고 베른 방언으로 이야기를 나누고 있었다. 내 추측으로는 대략 열네 살에서 열여섯 살쯤 되어 보였다.

그들은 뜨거운 열기에 달아올라 얼굴이 붉게 상기되어 있었다. 머리는 헝클어져 있었는데 누구도 서두르는 모습을 보이지 않았다. 맨 뒤에 있던 몇 명이 내 바로 위쪽 단에 멈춰 서서 색색의 손수건으로 이마의 땀을 닦았다. 몇몇은 잠시 짧은 풀밭에 앉아 숨을 골랐다. 그들이 넓은 풍경을 뒤돌아보는 동안 어느새 주위는 완전히 조용해졌다.

잠시 후 그들 중 한 명이 기억을 더듬어 시를 암송하기 시작했다. 더듬거리며 찾아가듯 읊었지만 점점 정확한 시구를 맞춰나갔다. 짧은 시 한 편이었다. 처음에는 단순히 리듬감 있는 노래처럼 들리던 시구가 점차 또렷하게 귀에 들려오기 시작했다. 그리고 그 시가 '구름'에 관한 내 시라는 것을 알아차렸다. 오래전 지었지만, 이제는 바로 나 자신조차도 기억에서 완전히 떠올릴 수 없었던 시였다. 그 소년은 내가 거의 오십 년 전에 쓴 시구를 마치 노래하듯 다소 장엄한 어조로 읊었다. 그의 친구들은 조용히 귀를 기울이며 듣고 있었다. 이윽고 완벽한 정적이 흘렀다.

내가 조용히 몸을 돌려 그들을 다시 보려 했을 때, 소년들은 이미 산을 오르며 사라지고 없었다. 그렇게 내가 쓴 시구들은 탄생한 지 거의 반세기가 지나 알지도 못하는 소년의 목소리를 통해 나에게 되돌아왔다.

엥가딘에서의 체험

친구들에게 보내는 편지

친애하는 친구들에게.

언어로 작업하는 것은 오래 노력할수록 더욱 어렵고 문제가 많아진다.

이 이유만으로도 곧 나는 더 이상 어떤 것도 기록할 수 없게 될 것이다. 그래서 내가 그대들에게 엥가딘에서의 체험에 대해 이야기하기 전에, 우리가 '체험Erlebnis'이라는 단어로 무엇을 이해하는지에 대해 먼저 합의해야 할 것이다. 이 단어는 다른 많은 단어처럼, 내 의식적인 삶의 비교적 짧은 시간 동안 많은 가치와 무게를 잃어버렸다. 그리고 한

때 빌헬름 딜타이Wilhelm Dilthey❖의 작품에서 가졌던 금과 같은 무게에서부터, 칼럼니스트에 의한 가치 하락까지.

그 칼럼니스트는 이집트, 시칠리아, 크누트 함순Knut Hamsun❖❖, 아무개 무용수를 어떻게 '체험'했는지 우리에게 말한다. 그가 아마도 그것들을 제대로 보지도, 충실하게 기록하지도 않았을지도 모르는데. 그 사이에는 아주 긴 내리막길이 있다. 하지만 나의 열망을 따라 글과 잉크를 거쳐 그대들에게 도달할 때, 나는 스스로를 조금 눈멀게 하고, 내 낡은 언어와 글쓰기 방식이 여전히 나뿐만 아니라 그대들에게도 의미가 있기를 바란다. 그대들과 나에게 있어 '체험'이 순간적인 감각의 스침이나 일상의 수많은 우연 중 하나가 아니라, 우리에게 깊이 스며드는 무엇이라고 느낄 수 있도록 노력해야 한다.

❖ 독일 철학자, 역사학자, 교육학자.
❖❖ 노르웨이 소설가.

언어와 나의 직업과 관계없는 다른 것이 있다면, 그것은 노인들의 체험 방식이다. 그리고 이 점에 있어서 나는 어떤 허구나 환상도 허용해서는 안 되며, 젊은 사람들이나 청소년들은 노인들이 어떻게 체험하는지 전혀 상상조차 할 수 없다는 사실을 알고 있다. 왜냐하면 노인들에게는 근본적으로 새로운 체험이 더 이상 없기 때문이다. 그들은 자신에게 적합하고 예정된 일차적 체험은 이미 오래전에 할당받았으며, 점점 더 드물어지는 그들의 '새로운' 경험Erfahrung들은 여러 번 또는 자주 경험했던 것들의 반복이다. 이는 이미 완성된 것처럼 보이는 그림 위에 새로운 덧칠과도 같다.

그것들은 오래된 경험의 축적 위에 새로운 얇은 색이나 광택층, 즉 수십, 수백 번의 이전 층 위에 덧칠하는 층이다. 그럼에도 불구하고 이것들은 새로운 무언가를 의미하며, 일차적인 체험은 아닐지라도 진정한 체험이다. 왜냐하면 이 체험들은 무엇보다도 매번 자기 자신과의 만남이자 자기 성찰이 되기 때문이다. 처음으로 바다를 보거나 처음으로 〈피가로〉◆를 듣는 사람은 열 번이나 쉰 번 그것을 체험하는 사람보다 다른, 대개 더 강렬한 것을 체험한다.

후자는 바다와 음악에 대해 덜 적극적이지만 더 경험이 풍부하고 예리한 눈과 귀를 가지고 있다. 그는 더 이상 새롭지 않은 인상을 다른 사람보다 더 다르게, 더 세분화해 받아들일 뿐만 아니라, 다시 체험할 때 이전의 체험들도 함께 마주하게 된다. 그는 단지 이미 알고 있는 바다와 〈피가로〉를 새로운 방식으로 다시 경험할 뿐만 아니라, 젊은 시절의 자아, 체험의 틀 안에서 자신의 많은 이전 삶의 단계들을 다시 만나게 된다. 그것이 웃음, 조롱, 우월감, 감동, 수치, 기쁨 또는 후회와 함께하든 상관없이 말이다. 일반적으로 고령자의 경우, 체험자는 이전의 체험 형태와 체험들에 대해 우월감보다는 감동이나 수치스러움을 더 느끼는 경향이 있다. 특히 생산적인 사람, 예술가에게 있어서 인생의 마지막 단계에서 자신의 인생 정점의 잠재력, 강도強度, 충만함과 재회하는 것은 "오, 그때 내가 얼마나 약하고 어리석었던가!"라는 느낌을 거의 불러일으키지 않는다. 오

◆ 1786년 모차르트가 작곡한 오페라.

히려 반대로 "오, 그때의 힘이 조금이라도 남아 있다면!"이라는 소망을 불러일으킨다.

나에게 정해진, 나에게 적합하고 가장 중요한 체험들에는 인간적, 정신적인 것 다음으로 풍경의 체험도 포함된다. 내 고향이자 내 삶의 형성 요소가 된 풍경들인 슈바르츠발트, 바젤Basel, 보덴호수, 베른Bern, 테신 외에도, 그리 많지는 않지만 몇몇 특징적인 풍경들을 여행, 산책, 그림 그리기와 습작을 통해 내 것으로 만들었다. 이러한 것들을 본질적이고 방향을 제시하는 것으로 체험했다. 예컨대 북부 이탈리아, 특히 토스카나Toscana나 지중해, 독일의 일부 지역과 기타 지역들이 그러하다.

많은 풍경을 보았고 거의 모든 곳이 마음에 들었지만, 운명적으로 나에게 주어진, 나를 깊고 지속적으로 감동시키며, 점차 작은 제2의 고향으로 꽃피운 곳은 아주 소수에 불과했다. 그리고 이러한 풍경 중에서 아마도 가장 아름답고 나에게 가장 강렬하게 영향을 미친 곳은 상부 엥가딘이다.

나는 이 고산 계곡에 약 열 번 정도 방문했는데, 때로는 며칠만 머물기도 했지만, 대개는 몇 주간 머물렀다. 나는 거의 오십 년 전에 처음으로 이곳을 보았는데, 젊은 시절의 나는 베르퀸Bergün 위의 프레다에서 아내와 어릴 적 친구인 핀크Finckh와 함께 휴가를 보내고 있었다. 집으로 돌아갈 시간이 되었을 때, 우리는 한 번 더 제대로 된 하이킹을 하기로 결정했다. 베르퀸 아래에서 한 구두 수선공이 내 신발 밑창에 새 못을 박아주었고, 우리 셋은 배낭을 메고 알불라를 넘어, 길고 아름다운 산길을 지나고 폰테에서 장크트 모리츠까지 이어지는 훨씬 더 긴 계곡 도로를 걸었다. 자동차는 없었지만 끝없이 많은 마차가 지나가는 도로였고, 먼지 구름이 끊임없이 일었다. 장크트 모리츠에서 내 아내는 작별 인사를 하고 기차를 타고 집으로 돌아갔다.

　　높은 고도를 잘 견디지 못하고 밤에 잠을 이루지 못했던 친구는 점점 조용해지고 기분이 나빠졌지만, 나에게는 먼지와 열기에도 불구하고 최상부의 인계곡이 꿈속에서 본 낙원처럼 다가왔다. 나는 이 산들과 호수들, 이 나무와 꽃의 세계가 첫눈에 완전히 받아들이고 내 것으로 만들 수 있는 것보다 더 많은 것을 내게 말해주고 있다고 느꼈다.

언젠가는 이곳으로 돌아오게 될 것이며, 이렇게 엄격하면서도 형태가 풍부하고, 진지하면서도 조화로운 고산 계곡이 나와 관계를 맺고, 내게 가치 있는 무언가를 주거나 내게서 무언가를 요구할 것이라고 느꼈다. 질스 마리아에서 하룻밤을 보낸 후—지금 내가 다시 와서 이 메모를 쓰고 있는 곳—, 우리는 엥가딘의 마지막 호수 앞에 서 있었다. 나는 여행에 지친 내 친구에게 눈을 뜨고 호수 너머로 말로야와 베르겔 방향을 바라보며 이 풍경이 얼마나 믿을 수 없을 정도로 고상하고 아름다운지 보라고 했지만, 소용없었다. 그는 짜증을 내며 거대한 공간의 깊이를 향해 팔을 뻗으며 말했다.

"에이. 뭐, 이건 아주 평범한 무대 효과일 뿐이야."

그래서 나는 그에게 그가 말로야로 가는 도로를 따라가는 동안, 내가 호수의 다른 쪽에 있는 오솔길을 택하겠다고 제안했다. 저녁에 우리 둘은 각자 오스테리아 베키아 식당의 테라스에서 서로에게서 멀리 떨어진 채 각자의 테이블에 혼자 앉아 간식을 먹었다. 다음 날 아침에야 우리는 화해하고 기쁘게 베르겔 도로의 지름길을 따라 내려갔다.

두 번째로 나는 몇 년 후에 베를린 출판사 S. 피셔s.

Fischer와의 만남을 위해 질스에 갔을 때 단지 이삼 일 정도로 그의 손님으로 한 호텔에 머물렀다. 그곳은 내가 최근 몇 년간 매 여름마다 다시 찾게 된 호텔이 되었다. 이 두 번째 방문은 몇 가지 인상을 남겼는데, 나는 아서 홀리처Arthur Holitscher◆와 그의 아내와 함께한 아름다운 저녁을 기억한다. 당시 우리는 서로 나눌 이야기가 많았다.

그리고 또 다른 경험이 있었는데, 그것은 내가 이후 매번 재방문할 때마다 소중하고 중요하게 되었고 마음을 움직였던 광경이었다. 니체가 엥가딘에서 거주했던, 암벽 경사면에 밀착되어 있는 약간 어두침침한 집이었다. 요즘 그 집은 시끌벅적하고 화려한 스포츠와 관광객 세계와 대형 호텔들 한가운데서 완강하게 서 있으며, 마치 혐오감을 느끼는 듯 약간 불만스럽게 바라보고 있다. 그 집은 경외심과 연민을 불러일으키며, 은둔자가 그의 잘못된 가르침 속에서도 세워놓은 고귀한 인간상을 우리에게 절실히 일깨워 준다.

◆ 헝가리 출신 작가.

그 후 여러 해가 지났지만, 나는 엥가딘을 다시 보지 못했다. 나는 베른에 있었고, 슬픈 전쟁 시기이기도 했다. 1917년 초에 의사가 긴급히 다른 곳으로 가라고 했을 때, 나는 전쟁 관련 업무와 그보다 더한 전쟁의 비참함으로 인해 병들어 있었다. 그때 내 슈바벤Schwaben 출신 친구가 장크트 모리츠 위쪽의 요양소에 있었고 나를 그곳으로 초대했다. 한겨울, 쓰라린 세 번째 전쟁의 겨울이었다.

  나는 그 계곡과 그곳의 아름다움, 거친 풍경, 그리고 치유와 위안의 힘을 새로운 측면에서 알게 되었다. 다시 잠을 잘 수 있게 되었고, 다시 식욕을 되찾아 식사할 수 있게 되었으며, 스키나 스케이트를 타며 나날을 보냈다. 조금 지나자 대화와 음악도 다시 견딜 수 있게 되었고, 심지어 약간의 일도 할 수 있었다. 가끔은 혼자서 스키를 타고 코르빌리아Corviglia 산장까지 올라갔는데, 그곳에는 아직 케이블카가 연결되어 있지 않아 대부분 나 혼자만이 그곳에 있었다.

  그리고 1917년 2월, 장크트 모리츠에서 잊을 수 없는 아침을 체험했다. 내가 그곳에서 볼일이 있어 우체국 앞 광장에 들어섰을 때, 눈에 띄게 많은 사람이 모여 있던 우체국 건물에서 모피 모자를 쓴 한 남자가 나와서 방금 도착한 특별 호외를 큰 소리로 읽기 시작했다. 사람들이 그에게 몰려들었고, 나도 그쪽으로 달려갔다. 내가 이해할 수 있었던 첫 문장은 "차르가 퇴위했다."였다. 그것은 러시아 2월 혁명의 소식이었다.

나는 그 이후 장크트 모리츠를 수백 번 지나갔지만, 1917년 2월 아침의 그 장소를 떠올리지 않고 지나간 적은 거의 없었다. 그리고 당시의 친구들과 여관 주인들을 생각했는데, 그들 중 이제는 아무도 살아 있지 않다. 그리고 찬타렐라Chantarella의 평화 속에서 환자이자 회복 중인 사람으로서의 짧은 삶을 보내던 중, 나는 그 낭독자의 목소리가 나를 위협적이고 경고하듯 현재와 세계사로 다시 불러들였을 때 내 영혼이 느꼈던 그 충격과 흔들림을 기억한다.

그리고 이 지역 어디를 가든 모든 곳에서 과거와 내 자신의 얼굴과 본질이 나를 바라보고 있다. 그때도 같은 풍경을 보았던 나 자신을. 나는 서른이 되기도 전에 배낭을 메고 즐겁게 8월의 무더위 속에서 수 킬로미터를 걸었던 나 자신과 마주친다. 그리고 십이 년 후, 심각한 위기 속에서 전쟁의 고통으로 인해 깨어나고, 고문당하고, 나이 들어버린 나 자신이 이곳 높은 산에서 회복과 강화, 그리고 새로운 성찰의 짧은 휴식을 찾았던 때를 만난다. 그 후에도 내 삶의 이후의 단계에서 이 사랑스러운 고지대 계곡을 다시 보았다. 토마스 만의 막내딸과 스키 동료로서, 그동안 지어진 코르빌리아 케이블카의 정기 이용자로서, 때로는 '잔인한 루이'라는 친구와 그의 영리한 닥스훈트를 동반해, 밤에는 『나르치스와 골드문트』의 원고 위에서 조용히 작업하는 사람으로서.

오, 우리의 영혼 속에서 기억과 망각이 어떤 신비로운 리듬으로 연주되던가. 현대 심리학의 방법론과 이론을 어느 정도 알고 있는 사람에게도 이는 얼마나 신비롭고, 또 기쁨과 불안함을 동시에 안겨주었다. 우리가 잊을 수 있다는 것은 충분한 위안으로 다가온다. 그리고 우리에게 기억의 선물이 있다는 것은 얼마나 좋고 위안이 되던가. 우리 각자는 자신의 기억이 보존해 온 것을 알고 있으며, 그것을 활용할 수 있다.

그러나 우리 중 누구도 자신이 잊어버린 것들의 엄청난 혼돈 속에서 길을 찾지 못한다. 때로는 수년, 수십 년이 지난 후에, 마치 발굴된 보물처럼 또는 농부가 쟁기로 파낸 전쟁 무기처럼, 잊힌 것들의 한 조각이, 쓸모없거나 소화하기 어려워 밀어냈던 것들이 다시 빛을 보게 된다. 그리고 그런 순간들에—『나르치스와 골드문트』에는 그러한 위대한 순간이 묘사되어 있다— 우리 기억을 이루는 그 많고 귀중하고 훌륭한 것들이 모두 마치 한 줌의 먼지처럼 보이게 된다. 우리 시인들과 지식인들은 기억을 매우 중요하게 여긴다. 그것은 우리의 자본이며, 우리는 그것으로부터 살아간다. 하지만 잊힌 것과 버려진 것들의 하계로부터 그런 침입이 우리를 놀라게 할 때, 그 발견물은 기쁘든 아니든 항상 우리가 세심하게 가꾸어 온 기억들 속에는 존재하지 않는 강렬함과 힘을 지니고 있다.

나는 때때로 이런 생각이나 추측을 하게 되었다. 대부분의 상상력이 부족하지 않은 사람들, 특히 젊은 시절에 알려진 방랑과 세계 정복에 대한 충동, 새로운 것, 아직 보지 못한 것에 대한 갈망, 여행과 이국적인 것에 대한 갈망은 또한 잊어버리고 싶은 갈망일 수도 있다는 것이다. 그것은 우리를 억압하는 한, 과거의 것들을 밀어내고, 체험한 이미지들을 가능한 한 많은 새로운 이미지들로 덮어버리려는 욕구일 수 있다.

반면 노년기의 고정된 습관과 반복에 대한 경향, 동일한 지역과 사람들, 상황을 끊임없이 다시 찾아가는 성향은 기억의 재산을 향한 열망일 것이다. 기억이 보존해 온 것들을 확인하려는 지치지 않는 필요성이며, 아마도 이 보존된 보물이 더 증가하는 것을 보고 싶은 소망, 잊혀 사라진 이런저런 체험, 이런저런 만남, 이런저런 이미지와 얼굴을 어느 날 다시 찾아 기억의 저장고에 추가하려는 바람, 희미한 희망일지도 모른다. 모든 노인은, 그들이 알아차리지 못하더라도, 과거를 찾고 있다. 되돌릴 수 없는 것처럼 보이는 것을 찾고 있지만, 그것은 되돌릴 수 없는 것도 아니고 반드시 지나간 것도 아니다. 왜냐하면 그것은 경우에 따라, 예를 들어 시를 통해, 다시 찾아올 수 있고 영원히 과거의 상태로부터 구출될 수 있기 때문이다.

새로운 형태의 과거를 재발견하는 방식은 수십 년 후에 예전에 더 젊고 다른 모습으로 알고 사랑했던 사람을 다시 만나는 것이다. 그렇게 나는 한때 아르벤 목재로 된 방들과 난로가 있는 매우 아름답고 안락한 엥가딘의 한 집에서 살던 친구를 알고 있었다. 그는 클링조르Klingsor와 친했던 마술사 유프Jup였다.

  내가 아직 스키를 즐겨 타고 코르빌리아 산장의 단골 손님이었을 때, 그는 자주 나를 왕족처럼 대접하고 귀하게 해주었다. 그 당시 그의 집에서는 세 명의 사랑스러운 아이들, 두 명의 소년과 막내인 한 소녀가 놀고 있었는데, 내가 소녀를 처음 봤을 때 눈에 띄었던 것은 그녀의 각 눈이 그녀의 작은 입보다 더 크다는 점이었다. 나는 마술사를 수십 년 동안 다시 보지 못했는데, 그는 더 이상 산을 찾지 않는다.

  하지만 몇 년 전, 나는 그의 아내와 다시 만나게 되었고 그녀와 함께 이제 성인이 된 아이들도 다시 보게 되었다. 음악가와 학생 그리고 여전히 큰 눈과 작은 입으로 두드러지고 독특한 미인이 된 그 소녀. 그녀는 비교문학을 공부하는 자신의 파리 교수에 대해 열정적으로 이야기했다. 그녀는 친구 에드윈 피셔Edwin Fischer◆가 그녀 어머니의 집에

◆ 스위스 피아니스트, 지휘자.

서 우리에게 어느 날 오후 바흐, 모차르트, 베토벤을 연주해 주었을 때도 함께 있었다. 또한 그 음악가도 그가 베른에서 아직 매우 젊은 청년이었을 때 나의 엘리자베스 시에 대한 그의 작곡을 내게 선보인 이후로 나는 그를 계속 마주쳤다. 매번 다른 인생의 단계에서 만났으며, 동료 간의 우정은 만날 때마다 입증되고 강화되었다.

그렇게 매번 돌아올 때마다 사랑하는 과거가 나를 맞이했고 지금도 맞이한다. 되돌릴 수 없지만 그래도 불러낼 수 있는 과거가. 그 과거에 오늘과 오늘의 나를 비교하는 것은 기쁨과 괴로움을 가져오고, 행복하게도 하고 부끄럽게도 하며, 슬프게도 하고 위로도 한다. 한때 걸어서 또는 스키를 타고 여러 번 쉽게 올랐던 경사들을 보는데, 이제는 그중 가장 작은 것조차 내게 올라갈 수 없을 것이라는 생각과 엥가딘에서의 많은 경험을 함께 나눴던 친구들을 생각하는데, 그들이 이제 오래전에 무덤에서 잠들고 있다는 것은 약간의 아픔을 준다. 그러나 대화 중에 또는 고독한 생각 속에서 그 시간들과 그 친구들을 불러내고, 기억의 풍부한 그림책 속을 넘겨보는 것은—항상 잃어버린, 잊힌 이미지가 다시 나타나 다른 모든 것을 능가할 수도 있다는 아주 희미한 희망과 함께─ 기쁨이다.

그리고 힘이 줄어들고 산책이 해마다 더 짧아지거나 더 힘들어지는 것처럼 한편으로는 매번 돌아올 때마다 매년 불러내고 기억하는 이 기쁨이 커지고, 오늘 체험한 것을 기억된 것들의 천 겹의 그물망에 포함하는 기쁨은 점점 더 다양해진다. 기억들 대부분에는 내 인생의 동반자, 니논이 함께한다. 삼십 년 전 스키를 타는 겨울부터 나는 그녀 없이 이곳에 온 적이 없다. 그리고 마술사의 집에서의 저녁들, S. 피셔, 야코프 바서만Jakob Wassermann, 토마스 만Thomas Mann 과의 저녁들처럼 그녀는 또한 이 년 전 내 마울브론Maulbronn 학교 동창 오토 하르트만Otto Hartmann ✦과의 멋진 재회도 함께 경험했다. 그는 내 친구 중 훌륭한 독일성과 슈바벤성의 가장 즐겁고 고귀한 대리인이다.

성대한 축제의 날이었다. 그 친구는 자신의 짧은 휴가 중 하루를 우리에게 선물했고, 우리는 그를 차에 태워 말로 야와 율리어 고개로 데려갔다. 높은 8월의 하늘 아래 산들

✦ 오스트리아 배우.

167

은 수정처럼 서 있었고, 무거운 마음으로 저녁에 나는 그에게 작별을 고했다. 하지만 우리가 다소 수줍게 표현했던 소망, 아마도 다시 한번 만날 수 있기를 바라는 우리의 소망은 이루어졌다. 그의 죽음 며칠 전에 그는 다시 한번 몬타뇰라Montagnola에서 나의 손님이 되었고, 선물을 가져왔다. 나는 추모글에서 그 일을 고한 적이 있다.

이번 여름, 나는 다시 이곳에 올라왔다. 이번에는 새로운 길로 왔는데, 우리가 여행하던 날 베르겔에서는 도로가 무너지고 다리가 파괴되어 있었기 때문이다. 그래서 우리는 그때까지 몰랐던 우회로를 택해야 했다. 손드리오Sondrio, 티라노Tirano, 푸슐라프Puschlav, 그리고 베르니나Bernina 고개를 지나는 먼 길이었지만, 매우 아름다운 우회로였다. 그 수천 가지 이미지들은 곧 무질서하게 흐려졌지만, 가장 선명하게 남아 있는 인상은 거대하고 수백 개의 주름과 계단식으로 이루어진 북부 이탈리아의 포도밭 언덕들이다. 예전 같았으면 그다지 흥미롭지 않았을 광경이다. 이전에는 사람이 없는, 길들여지지 않은, 야생의, 가능하면 낭만적인 풍경을 갈망했다. 훨씬 나중에야, 그리고 나이가 들수록 점점 더, 인간과 풍경이 함께하는 모습, 그것의 형성, 지혜로운 극복, 그리고 농경과 포도 재배를 통한 평화로운 획득이 소중하고 흥미로워졌다. 계단식 밭, 벽, 그리고 길들이 경사면에 맞추어 그 형태를 명확하게 드러내는 모습, 자연의 파괴적인 야생성과 변덕에 대항하는 조용하고 끈질긴 투쟁 속에서 보이는 농부의 지혜와 부지런함이 말이다.

이 산에서 보내는 여름 중 첫 번째 가치 있는 만남은 인간적이면서도 음악적인 것이었다. 수년 동안 우리가 머무는 호텔에서 첼리스트 피에르 푸르니에Pierre Fournier도 우리와 같은 시기에 여름마다 머물렀다. 많은 이들의 판단에 따르면 그는 오늘날 그 분야에서 최고였고, 내 인상으로는 모든 첼리스트 중 가장 견실한 사람이었다. 기교면에서는 그의 선배인 카잘스Casals와 대등했으며, 예술적인 면에서는 엄격하고 단단한 연주뿐만 아니라 프로그램의 순수함과 타협 없는 구성에서 오히려 카잘스를 능가했다. 물론 이 프로그램에 관해서는 내가 항상 모든 면에서 푸르니에와 의견이 일치하는 것은 아니었다.

그는 브람스와 같이 내가 아픔 없이 포기할 수 있는 작곡가도 애정을 갖고 연주했다. 하지만 이 음악도 심각하고 진지하게 받아들여야 할 것인 반면, 유명한 노장은 한때 진지하고 진정한 음악 외에도 여러 화려하고 기교가 많은, 깊이 없는 곡을 연주했다. 그래서 부인과 아들과 함께 있는 푸르니에는 우리에게 듣는 것으로만이 아니라 수년간 보는 것으로도 익숙했지만, 우리는 수년간 서로를 방해하지 않고 멀리서만 서로에게 고개를 끄덕이며, 호기심 많은 사람들이 그를 귀찮게 하는 것을 볼 때마다 서로를 조용히 동정했다.

그러나 이번에는 자마덴Samaden 시청에서 열린 콘서트 후에 우리는 서로 더 가까이 알게 되었다. 그는 한번 나를 위해 개인적으로 연주해 주겠다고 친절하게 제안했다. 그가 곧 떠나야 했기 때문에 방 콘서트는 바로 다음 날 열려야 했다. 그런데 그날은 불행한 날이었다. 불편함, 짜증, 피로, 불쾌감의 날이었다. 이런 것들은 노년의 겉으로 보이는 지혜의 단계에서도 우리 주변 환경과 자신의 마음속 통제되지 않은 열망으로부터 생길 수 있다. 나는 거의 자신을 강제로 끌고 가야 했다. 약속된 늦은 오후 시간에 예술가의 방을 찾아가는 것, 내 불쾌감과 슬픔과 함께 나는 마치 씻지 않은 채로 축제 만찬에 참석하러 가는 것처럼 느껴졌다.

내가 그곳으로 갔고, 안으로 들어갔으며, 의자를 받았다. 대가는 자리에 앉아 조율했다. 그리고 피로와 실망, 나 자신과 세상에 대한 불만족의 공기 대신 금방 세바스찬 바흐의 순수하고 엄격한 공기가 나를 둘러쌌다. 마치 오늘 나에게 그 매력이 거의 입증되지 않았던 우리의 고산 계곡에서 갑자기 훨씬 더 높고, 더 맑으며, 더 수정 같은 산의 세계로 들어 올려진 것 같았다. 모든 감각이 열리고, 불러일으키고, 선명하게 되었다.

내가 그날 스스로 할 수 없었던 것, 즉 일상에서 카스탈리아Kastalia✦로 한 걸음 내딛는 것을, 음악은 순식간에 나에게 실현시켰다. 한 시간 혹은 한 시간 반 정도 나는 여기에 머물렀고, 바흐의 두 솔로 모음곡을 들었다. 그사이에는 짧은 휴식과 약간의 대화가 있었다. 그 힘차고, 정확하며, 엄격하게 연주된 곡은 마치 갈증에 시달리는 사람에게 빵과 포도주 같았다. 그것은 영양분이자 목욕이었으며, 영혼이

✦ 그리스 신화 속 도시 델포이의 정령.

다시 용기와 숨을 찾도록 도왔다. 한때 독일의 수치와 전쟁의 더러움 속에서 질식하며 구원과 피난처로 내가 건설했던 정신의 그 영역이 다시 그 문을 열어 나를 진지하면서도 명랑한, 위대한, 콘서트홀에서는 결코 완전히 실현될 수 없는 축제로 맞이했다. 나는 치유되었고 감사한 마음으로 나는 그곳을 떠났고, 오랫동안 그것을 양분으로 살았다.

이전에 나는 이와 비슷한 이상적인 연주를 자주 체험했다. 나는 음악가들과 항상 가깝고 따뜻한 관계를 가졌으며 그들 중에서 많은 친구를 발견했다. 내가 은둔하며 살기 시작하며 더 이상 여행할 수 없게 된 이후로 이러한 행복한 날들은 당연히 드물어졌다.

그나저나 나는 음악을 감상하고 평가하는 데 있어서 여러 면에서 까다롭고 보수적이다. 나는 명연주자들이나 콘서트홀에서 자라지 않았고, 가정 음악과 함께 자랐다. 가장 아름다운 음악은 항상 자신이 직접 참여할 수 있는 것이었다. 바이올린과 약간의 노래로 소년 시절에 음악의 세계로 첫걸음을 내디뎠다. 내 누이와 형인 카를은 피아노를 쳤다. 카를과 테오 둘 다 가수였다. 어린 시절에 베토벤 「소나타」나 잘 알려지지 않은 슈베르트 가곡을 전문가가 아닌 애호가들에게서 들었을 때, 그것은 결코 무익하거나 결실 없는 일이 아니었다. 예를 들어 내가 옆방에서 카를이 「소나타」를 위해 오랫동안 애쓰고 싸우는 소리를 듣다가 마침내 그가 그것을 '해냈을' 때, 그 싸움의 승리와 수확을 함께 경험할 수 있었던 것이다.

나중에 내가 처음 들었던 유명한 음악가들의 콘서트에서 나는 한동안 마치 도취된 것처럼 기교의 마법에 빠졌다. 위대한 연주자들이 줄타기 곡예사나 공중그네 예술가들의 웃는 듯한 수월함으로 기술적인 면을 마스터한 곡을 듣는 것은 매력적이었다. 그들이 적절한 부분에서 약간의 강조와 광택을 더하고 애절한 비브라토, 애수에 찬 디미누엔도를 추가할 때 고통스러울 정도로 달콤했다.

하지만 이런 매혹은 그리 오래가지 않았다. 나는 그 한계를 느끼고 감각적인 마법 너머에서 작품과 정신을 찾을 만큼 건강했다. 화려한 지휘자나 솔리스트의 정신이 아니라 거장들의 정신을 말이다. 그리고 세월이 흐르면서 나는 능숙한 연주자들의 마법과 그들이 작품에 더하는 아마도 아주 작은 과도한 힘과 열정 또는 달콤함에 대해 더욱 과민해졌다. 나는 더 이상 재치 있거나 몽유병적인 지휘자와 음악 거장들을 좋아하지 않게 되었고 객관성의 숭배자가 되었다. 어쨌든 나는 수십 년 동안 금욕적인 쪽으로의 과장을 그 반대보다 훨씬 쉽게 견딜 수 있게 되었다. 이런 태도와 선호에는 친구 푸르니에가 완벽하게 부합했다.

또 다른 음악 체험은 유쾌하고 심지어 재미있는 에피소드와 함께 곧이어 장크트 모리츠에서 열린 클라라 하스킬Clara Haskil◆의 콘서트에서 나를 기다리고 있었다. 세 번의 도메니코 스카를라티Domenico Scarlatti◆◆의 소나타를 제외하면 그것은 내가 바랐던 프로그램은 아니었다. 그것은 전적으로 아름답고 고귀한 프로그램이었지만, 스카를라티의 곡을 제외하고는 내가 좋아하는 곡들이 포함되어 있지 않았다. 만약 '소망의 힘'이 나에게 주어졌더라면, 나는 베토

◆　스위스 피아니스트.
◆◆　이탈리아 작곡가.

벤의 다른 두 「소나타」를 선택했을 것이다.

그리고 프로그램은 슈만의 「다채로운 잎사귀들」을 약속했는데 나는 콘서트가 시작되기 직전 니논에게 「숲의 장면들」이 우리를 기다리고 있지 않아 얼마나 유감인지 속삭였다. 그것들이 더 아름답거나 적어도 내게는 훨씬 더 마음에 들었고, 내가 가장 좋아하는 슈만의 곡 「예언자로서의 새」를 한 번, 또는 여러 번 더 듣고 싶은 마음이 간절했기 때문이다. 콘서트는 매우 아름다웠고 나는 나의 지나치게 개인적인 취향과 소망들을 잊었다. 그러나 그 저녁은 그 이상으로 행운을 가져다주었다. 많은 찬사를 받은 예술가는 마지막에 앙코르곡을 선사했는데, 놀랍게도 그것은 다름 아닌 내가 사랑하는 「예언자로서의 새」였다!

이 아름답고 신비로운 곡은 들을 때마다 나를 처음 이 곡을 들었던 시간으로 데려갔다. 가이엔호펜Gaienhofen 집에 있는 내 아내의 방과 그 안의 피아노, 연주자의 얼굴과 손, 건반 위로 깊이 숙인 그 사랑스러운 손님의 검고 슬픈 눈과 수염 난 창백한 얼굴이 떠올랐다. 이 사랑스러운 친구이자 섬세한 음악가는 그 후 얼마 지나지 않아 스스로 목숨을 끊었다. 그의 딸은 지금도 가끔 내게 편지를 보내는데, 그녀가 거의 알지 못했던 아버지에 대해 아름답고 다정한 이야기를 내가 들려줄 때마다 기뻐했다.

대체로 세속적인 관객들로 가득 찬 이 콘서트장에서의 저녁 역시 나에게는 작은 추억의 축제였고, 친밀하고 소중한 종류의 울림으로 가득 찼다. 사람은 긴 삶을 통해 많은 것을 자신 안에 품고 다니는데 그것은 우리 자신과 함께 사라지고 침묵할 때까지 우리와 함께한다. 슬픈 눈을 가진 그 음악가는 거의 반세기 전에 죽었지만, 내게는 그가 살아 있고 때때로 가까이 느껴진다. 그리고 「숲의 장면들」 중 새에 관한 곡은 수년 후 다시 들을 때마다 슈만 본연의 마법을 넘어서 항상 추억의 원천이 된다. 그 추억 속에는 가이엔호펜의 피아노 방과 그 음악가, 그리고 그의 운명은 단지 일부분일 뿐이다. 그 속에서는 소년 시절까지 거슬러 올라가는 다른 많은 소리도 울려 퍼진다.

어릴 적, 형과 누이들이 피아노로 연주하던 슈만의 선율은 내 기억 깊숙이 새겨졌다. 그리고 내 눈에 처음 들어온 슈만의 초상화 역시 아직도 선명하다. 그것은 1880년대에 인쇄된 컬러 그림으로, 오늘날에는 아마도 더 이상 볼 수 없는 희귀한 것이었다.

그 초상화는 어린이용 카드 게임의 한 장으로, 당대의 유명 예술가들의 초상과 대표작 목록이 함께 실려 있었다. 셰익스피어, 라파엘, 디킨스, 월터 스콧Walter Scott, 롱펠로 우Longfellow 같은 인물들도 내 기억 속에서 여전히 그 채색된 카드의 얼굴로 남아 있다. 이 카드 게임은 청소년과 대중을 위한 예술과 문학의 작은 판테온Pantheon이었으며, 모든 시대와 문화를 아우르는 '문학과 예술의 보편성Universitas litterarum et artium'이라는 개념에 대한 가장 초기 영감이었을 것이다. 이 개념은 훗날 내 안에서 '카스탈리아'와 '유리알 유희'라는 이름으로 자라났다.

내가 우리의 고산 계곡, 내가 아는 한 가장 아름다운 큰 강의 발원지와 맺은 수십 년의 관계 동안 나는 당연히 기계화의 진행과 외지인들의 유입 그리고 투기의 확산을 관찰할 수 있었다. 내가 사는 테신 주변에서만큼이나 많이. 장크트 모리츠는 이미 오십 년 전에도 분주한 관광객 도시에 불과했고 기울어진 오래된 교회 탑은 이미 그때도 삭막한 실용 건물들의 혼잡함 위에 슬프고 노쇠하게 걸려 있는 것 같았다. 그 작은 바닥 면적이 더 수익성 있게 사용되기를 기다리며 언제든지 완전히 안정성을 잃고 무너질 준비가 되어 있었다. 그러나 오늘날 그것은 여전히 변함없이 서 있고 침착하게 균형을 유지하고 있다. 반면에 1900년경의 과대하고 잔인한 투기 건물 중 일부는 이미 다시 사라졌다.

하지만 장크트 모리츠와 질스 사이의 그리 크지 않은 공간 내에서 그리고 펙스Fex 깊숙한 곳까지 토지의 분할과 착취, 크고 작은 주택들의 정착, 외국인에 의한 인구의 점령이 매년 더 빠르게 진행되고 있다. 그곳에는 일 년 중 몇 달, 심지어 종종 몇 주만 사람들이 거주하는 많은 집들이 있다. 그리고 수적으로 계속 증가하는 이 새로운 계곡 공동체의 거주자들은 대부분 자신들이 고향을 사들인 원주민들에게 여전히 낯설다. 선의를 가진 이들조차도 일 년의 대부분을 그곳에 있지 않으며 그들은 겨울 준비의 힘든 시간, 눈사태, 눈 녹음을 함께 경험하지 않고 종종 공동체의 심각한 걱정과 어려움을 거의 공유하지 않는다.

가끔은 자동차를 타고 지난 수십 년 동안 거의 또는 전혀 변하지 않은 지역을 찾아가는 것이 좋은 일이다. 내 산책 범위는 더 이상 멀리 미치지 못하지만 자동차로는 여러 소망을 이룰 수 있다. 그래서 나는 수년 동안 이 산에서의 젊은 시절 첫 번째 도보 여행이 시작되었던 곳, 알불라 고개와 프레다를 다시 한번 방문하기를 바랐다. 이번 여행은 예전의 도보 여행과는 반대 방향으로 진행되었고, 한때 많은 즐거운 마차들이 다니던 장크트 모리츠와 폰테 사이의 그 먼지 나는 작은 길은 알아볼 수 없게 변해 있었다.

그러나 지금은 라 푼트La Punt라고 불리는 폰테를 지나자, 우리는 곧 고요하고 엄격한 돌의 세계에 도착했다. 그곳에서 나는 하나씩 하나씩 옛날의 형태와 상황들을 다시 발견했다. 고개의 정상에서 나는 오랫동안 도로에서 떨어진 풀언덕에 앉아 길고 황량하지만 다채로운 산맥과 작은 알불라 강—그 예쁜 이름은 나에게 항상 '방황하는 나의 작고 다정한 영혼아animula vagula blandula'◆를 상기시켜준다—을 바라보며 1905년 여름의 그 여행에 대한 완전히 잊힌 줄 알았던 몇몇 기억을

◆ 로마 황제 하드리아누스가 죽음을 앞두고 지었다고 전해지는 유명한 시의 첫 구절.

되찾았다.

　황량하고 가파른 돌 능선과 자갈밭이 변함없이 내려다보고 있었고 우리는 잠시 동안 바다나 인간과 문화가 없는 산의 세계에서 느낄 수 있는 그런 위안과 경고가 함께하는 감정을 느꼈다. 그것은 시간 밖에 있거나 적어도 분과 날과 해를 알지도 세지도 않고 오직 인간을 초월한, 수천 년의 간격으로 떨어진 이정표만을 아는 일종의 시간 속에서 숨을 쉬는 느낌이었다. 시간이 없는 원시 세계와 자신의 삶의 작게 나누어진 시간 구간 사이를 오가는 이 감정은 아름다웠지만 또한 지치게 하고 슬프게 만들었으며, 모든 인간적인 것과 모든 체험하고 체험할 수 있는 것들이 너무나 덧없고 가벼워 보이게 했다. 정상에서의 휴식 후에 나는 정말이지 되돌아가고 싶었다. 나는 이미 충분한 인상을, 너무나 많은 소환된 과거를 내 안에 받아들였다.

　하지만 내 기억 속에는 여전히 작은 프레다, 터널 입구에 있는 몇 채의 집들이 있었다. 그곳에서 나는 당시 젊고 아직 자녀가 없던 남편으로서 휴가 주간을 보냈다. 그리고 거기에는 훨씬 더 강하게 부르는, 진한 녹색의 작은 산 호수와 짙은 푸른 공작새 눈 같은 기억의 이미지가 있었다.

나는 그것을 다시 보고 싶었고 우리는 티펜카스텔Tiefencastel 과 율리어 고개를 지나 돌아가기로 계획했다.

곧 우리는 첫 번째 아르벤 소나무와 낙엽송에 도달했고 이어서 나는 이곳에서 시간과 문명의 작은 징후들을 느끼기 시작했다. 또 한 번의 휴식 중에 우리는 지금까지 완벽했던 계곡의 고요함이 지속적인 모터 소리에 의해 단절된 것을 발견했다. 나는 그것이 굴착기나 트랙터라고 생각했지만 그것은 단지 깊은 곳에서 아주 작게 보이는, 초원에 있는 작은 제초기였을 뿐이다.

그리고 이제 호수가 나타났다. 팔푸오냐호수의 그 매끄럽고 시원한 녹색 표면에는 숲과 산비탈이 비치고, 음산하고 거친 세 개의 절벽이 위에서 내려다보고 있었다. 비록 호수의 출구에서 여러 가지 댐과 보수 작업이 이루어졌고 도로변에는 여러 대의 주차된 자동차가 있었지만, 그것은 예전과 거의 마찬가지로 아름답고 마법에 걸린 듯했다. 그러나 프레다에 가까워질수록 나의 수용력과 재회의 기쁨, 그리고 오래된 기억을 되살리는 기쁨은 완전히 사라져버렸다.

나는 그곳에서 잠시 멈춰 예전에 우리가 살았던 작은 집을 찾아보고 현재 거주자들에 대해 물어볼 생각이었다. 하지만 지금은 그러고 싶지 않았다. 당연히 늙은 니콜라이 Nicolai와 그의 가족들이 오래전에 죽었다는 사실을 확인하는 것이 불필요하게 느껴졌다. 또한 이곳은 이 쌀쌀하고 비 내리는 여름의 첫 무더운 날 중 하나였고, 여기에는 더 이상 고지대의 공기가 불지 않았다. 아마도 내 청년 시절과 첫 결혼 시기의 잊힌 기억들이 내 안에서 다시 움직이고 있었을 것이다.

나를 그렇게 무기력하고 슬프게 만든 것은 단지 여행의 피로와 여름 더위만이 아니라, 내 삶의 여러 부분에 대한 불만족과 후회의 감정이었을 것이다. 그리고 이미 행해지고 지나간 모든 것들이 고칠 수 없다는 슬픔이었다. 나는 본래 다시 방문하려 했던 작은 프레다를 멈추지 않고 지나쳤고, 오직 돌아가기만을 재촉했다. 내 마음속에서 그 불만족과 후회를 조금 검토하려고 노력하는 동안, 나는 잊혔던 과거 삶의 특정한 행위나 태만을 발견하지 못한 채, 다시 한번 그 이상하고 무거운, 그리고 결코 완전히 극복할 수 없는 죄책감으로 돌아왔다. 이것은 내 세대와 나와 같은 종류의 사람들이 1914년 이전의 시기를 생각할 때 느낄 수 있는 감정이다.

세계사가 평화로운 세계의 첫 붕괴 이후로 깨우치고 흔들어 놓은 사람은, 공동 책임에 대한 질문에서 완전히 벗어나지 못한다. 비록 이러한 질문이 사실상 청년기에 더 적합함에도 불구하고 말이다. 나이와 경험은 우리에게 이 질문이 원죄에 대한 우리의 몫과 동일하다는 것을 가르쳐야 했고, 그것이 우리를 불안하게 할 필요가 없다는 것을 알려주어야 했다. 이 문제는 신학자들과 철학자들에게 맡겨둘 수 있다. 하지만 내 생애 동안 내가 살던 세계가 아름답고, 유희적이며, 다소 향락적인 평화의 세계에서 공포의 장소로 변해버렸기 때문에 나는 이러한 죄책감으로의 가끔씩 찾아오는 회귀를 앞으로도 여러 번 겪게 될 것이다.

아마도 세계의 흐름에 대해 스스로 책임을 느끼는 이 감정은, 그것에 사로잡힌 사람이 때때로 특별히 깨어 있는 양심과 더 높은 인간성의 증표로 해석하고 싶어하지만 사실은 단지 병든 상태일 뿐이다. 순수함과 신념의 결핍이다. 완전히 건강한 사람이라면 세상의 악덕과 질병, 평화

시의 나태함과 전쟁 시의 잔혹함에 대해 공동 책임을 져야한다는 오만한 생각에 이르지 않을 것이다. 자신이 세상의 고통과 죄를 증가시키거나 감소시킬 만큼 위대하고 중요하다고 생각하지 않을 것이다.

이 엥가딘 여름에는 내가 생각지도 못했던 또 다른 과거와의 만남이 예정되어 있었다. 나는 많은 독서물을 가져오지 않았고, 휴가 중에는 편지 우편만 전달받도록 했다. 그래서 어느 날 몬타놀라를 거치지 않고 출판사로부터 직접 작은 소포가 도착했을 때 놀랐다.

『나르치스와 골드문트』의 새 판본이 들어 있었다. 그 책을 살펴보며 종이와 제본, 표지를 확인하고 내 짐을 늘리지 않기 위해 누구에게 이 책을 선물할지 고민하기 시작했을 때, 문득 깨달았다. 이 책이 탄생한 이후, 더 정확히는 약 이십오 년 전 초판 교정 이후로 한 번도 다시 읽지 않았다는 사실을. 한때 나는 이 소설의 원고를 몬타놀라에서 취리히로, 그리고 다시 차타렐라로 두 번이나 가지고 다녔다. 또한 며칠 밤을 새우며 애를 먹었던 두세 개의 장도 기억났다. 하지만 전체 내용은, 대부분의 책들이 세월이 흐르면

작가에게 그렇게 되듯이, 조금 낯설고 모르는 것이 되어버렸다. 그래서 지금까지 그 관계를 다시 맺고 싶은 욕구를 느끼지 못했다. 이제 책을 조금 훑어 보니 마치 책이 나에게 다시 읽어보라고 권하는 것 같았고, 나 역시 그럴 마음이 생겼다. 그래서 『나르치스와 골드문트』는 약 이주 동안 내 독서 대상이 되었다.

이 책은 내 작품 중 비교적 성공적인 책이었다. 한동안 불쾌한 표현으로 말하자면 '사람들의 입에 오르내렸고', 사람들은 항상 감사와 칭찬으로 반응한 것은 아니었다. 오히려 『나르치스와 골드문트』는 『황야의 이리』다음으로 가장 많은 비난과 분노를 불러일으킨 책이었다. 이 책은 독일의 마지막 전사와 영웅시대가 오기 직전에 출판되었는데, 매우 비영웅적이고 비전투적이며 유약했다. 사람들이 말하길 무절제한 쾌락을 유혹하는 책이었으며, 에로틱하고 부끄러움이 없다고 했다. 독일과 스위스 학생들은 이 책이 불태워지고 금지되어야 한다고 주장했으며, 영웅적인 어머니들은 지도자와 위대한 시대를 언급하며 종종 무례한 방식으로 그들의 분노를 나에게 표현했다.

하지만 이런 경험들이 이십 년 동안 내가 다시 읽는 것을 피하게 한 이유는 아니었다. 그것은 단순히 내 생활 방식과 작업 방식의 변화에서 자연스럽게 일어난 일이었다. 예전에는 새 판이 나올 때마다 교정을 위해 대부분의 책을 다시 읽어야 했고, 그때 일부를 수정하고 특히 줄이기도 했다. 그러나 시력 문제가 심해지면서 이 작업을 가능한 한 피했고 오래전부터 아내가 이 일을 맡아 해주었다.

물론 『나르치스와 골드문트』에 대한 애정은 여전히 있었다. 이 책은 꽤 아름답고 활기찬 시기에 탄생했으며, 그것이 견뎌야 했던 욕설과 비난은 『황야의 이리』와 마찬가지로 내 마음속에서는 오히려 더 긍정적으로 작용했다. 하지만 내가 마음속에 간직한 이 책에 대한 이미지는 모든 기억이 그렇듯 시간이 흐르면서 조금 변하고 흐려졌다. 나는 더 이상 그것을 잘 알지 못했고, 이제 책 쓰기가 오래전에 끝난 지금, 이 이미지를 새롭게 하고 바로잡는 데 일주일이나 이 주일 정도 시간을 쓸 수 있게 되었다.

그것은 친근하고 유쾌한 재회였으며, 책 속에서 나를 비난하거나 후회하게 만드는 것은 없었다. 내가 모든 것에 완전히 만족했다는 것은 아니다. 이 책에는 당연히 결점이 있었고, 오랜 시간이 지난 후 다시 읽어보니 내 거의 모든 글처럼 조금 길고 약간 수다스러웠으며, 아마도 같은 내용을 다른 말로 너무 자주 반복했을 수도 있다. 또한 내 재능의 부족함과 능력의 한계에 대한, 이미 여러 번 경험했던 다소 부끄러운 깨달음도 피할 수 없었다. 이것은 일종의 자기 검증이었고, 이번 독서를 통해서도 내 한계를 다시 한번 명확히 볼 수 있었다.

특히 내 대부분의 장편 이야기들이, 내가 그것을 쓸 때 믿었던 것처럼, 진정한 대가들이 하듯 새로운 문제와 새로운 인간상을 제시하는 것이 아니라, 단지 내게 적합한 몇 가지 문제와 유형들을 변형하여 반복하고 있다는 점이 다시 한번 눈에 띄었다. 비록 삶과 경험의 새로운 단계에서 바라보았지만 말이다. 이렇게 내『나르치스와 골드문트』는 『클링조르의 마지막 여름』뿐만 아니라 이미『크눌프』에서도 그 형태가 만들어져 있었다. 마울브론과 나르치스에서 카스탈리아와 요제프 크네히트Josef Knecht♦가 그러했듯이.

하지만 이런 깨달음이 아프지는 않았다. 그것은 단지 과거에 확실히 더 컸던 내 자기 평가의 감소와 축소를 의미하는 것만이 아니라, 좋고 긍정적인 무언가를 의미했다. 그것은 내가 야심 찬 욕망과 노력에도 불구하고 전체적으로 내 본질에 충실했으며, 좁은 통로와 위기를 통과하면서도 실현의 길을 떠나지 않았음을 보여주었다. 그리고 이 소설의 어조, 그 선율, 강세와 약세의 놀이는 내게 낯설지 않았고 과거와 시들어버린 삶의 시기의 맛이 나지 않았다. 비록 지금은 그런 흐름의 가벼움을 만들어낼 능력이 없을지라도. 이런 종류의 산문은 오늘날의 나에게도 여전히 적합했고, 그 주요 구조와 부차적 구조, 그 어구 배열, 작은 기교들 중 어떤 것도 잊지 않았다. 내가 기억 속에 충실하고 순수하게 간직하고 있었던 것은 책의 내용보다 훨씬 더 그 언어였다.

♦ 헤세의 마지막 소설 『유리알 유희』 속 주인공이 되는 인물로 이 소설의 부제는 유희의 명인 요제프 크네히트의 회상이다.

게다가! 얼마나 믿을 수 없이 많은 것을 잊었던가! 물론 나는 즉시 알아보지 못할 페이지나 문장에 마주치지는 않았지만, 거의 모든 페이지와 장에서 다음 페이지에 무엇이 나올지 미리 말할 수 없었다. 기억력은 수도원 문 앞의 밤나무, 죽은 사람들이 있는 농가, 골드문트의 말 블레스Bless 같은 작은 세부 사항들을 정확히 보존하고 있었고, 친구들과의 대화인 '마을로의' 야간 여행, 리디아Lydia와의 경마 같은 더 중요한 것들도 기억하고 있었다. 그러나 믿기 어렵게도 잊어버린 것이 있었다. 골드문트가 니클라스Niklas 장인과 경험한 대부분의 일들, 순례자인 바보 로베르트Robert, 레네Lene와의 에피소드와 그녀 때문에 골드문트가 두 번째로 사람을 죽이게 되는 과정을 잊어버렸다. 내가 성공적이고 아름답다고 기억했던 일부는 조금 실망스러웠다. 글을 쓸 때 고민했고 만족스럽지 않았던 일부 구절들은 찾기 어려웠고, 찾았을 때는 괜찮다고 느꼈다.

천천히 그리고 철저하게 진행한 독서 중에, 책과 관련된 창작 당시의 경험들도 떠올랐다. 그중 하나를 그대들에게 들려주고 싶다. 아마도 그대들 중 몇몇은 이 순간을 함께했을 것이다. 1920년대 말, 내가 청소년 시절을 보낸 곳을 다시 보고 싶어 슈투트가르트에서 강연을 약속했고, 지금은 고인이 된 그곳 친구 중 한 명의 집에 머물렀다. 당시 『나르치스와 골드문트』는 아직 출판되지 않았지만, 책의 대부분은 원고로 완성되어 있었고, 나는 그리 현명하지 못하게 특히 흑사병에 관한 장을 낭독하기 위해 가져갔다. 사람들은 존중하는 태도로 들었다.

당시 나에게 이 묘사는 특히 중요하고 마음에 들었으며, 흑사병에 대한 내 이야기는 인상을 준 것 같았다. 강당에는 어떤 진지함이 퍼졌는데, 아마도 그것은 단지 불편함의 침묵이었을 수도 있다. 그러나 강연이 끝나고 '더 친밀한 서클'이 인기 있는 식당에서 저녁 식사를 위해 모였을 때, 골드문트의 대규모 죽음을 통한 여행이 청중들의 삶의 본능을 강력하게 자극한 것처럼 느껴졌다.

그때 나는 그곳에 서 있었지만, 한편으로는 내가 쓴 흑사병에 관한 장에 머물러 있었다. 처음으로 내 새 소설의 일부를 내적 저항 없이 공개적으로 보여줬고, 아직 그 여운에서 벗어나지 못한 채였다. 그래서 이 친목 모임 초대에 매우 마지못해 따랐다. 그리고 이제 옳든 그르든, 여기 모인 사람들이 내 이야기를 듣고 나서 안도의 숨을 쉬며 두 배의 욕망으로 삶에 뛰어드는 인상을 받았다. 자리와 웨이터, 메뉴판과 와인 리스트를 향한 시끄럽고 거친 인파가 있었다. 주변에는 웃음 가득한 즐거운 얼굴들과 울려 퍼지는 인사말들이 있었다. 내 옆에 있던 두 친구도 소란에 맞서 긴장된 목소리로 오믈렛, 간, 햄 접시를 주문하는 것이 들렸다. 마치 내가 골드문트가 생명에 굶주린 사람들 사이에서 죽음의 공포를 마비시키며 잔을 비우고 흥분된 즐거움을 더 높이 자극할 줄 알았던 그런 연회 한가운데 빠진 것 같았다.

하지만 나는 골드문트가 아니었다. 나는 길을 잃은 듯했고 이 즐거움 속에 끼지 못한 채 밀려나 혐오감을 느끼고 있었다. 도저히 견딜 수 없었다. 결국 문으로 살금살금 빠져나갔다. 누군가 나를 찾아오기 전에 그렇게 사라졌다. 그것이 현명하거나 영웅적인 행동이 아니라는 걸 그때도 알았으나, 본능적이고 통제할 수 없는 반응이었다. 그 후 약속한 일정이 있어 한두 차례 더 공개 낭독을 했지만, 그 이후로 다시는 그런 자리에 서지 않았다.

이 글을 쓰는 동안 엥가딘의 여름도 어느새 지나갔고, 짐을 꾸려 떠날 시간이 되었다. 몇 장의 종이를 다 채우는 일이 생각보다 더 많은 노력을 요구했다. 결국 만족스러운 마무리는 되지 않는 것 같다. 약간의 실망을 안고 다시 집으로 돌아간다. 여러 신체적 실패와 모든 노력과 많은 시간을 들였음에도 이 편지 이상의 더 나은 무언가를 만들어내지 못한 것이 못내 아쉽다.

나는 이미 오래전부터 그대들 대부분에게 이 편지를 빚지고 있었다. 하지만 적어도 하나, 아름다운, 정말 아름다운 무언가가 아직 남아 있다. 말로야와 키아벤나를 거쳐 집으로 돌아가는 길, 매번 새롭게 나를 사로잡는 그 길. 시원하고 맑은 산봉우리에서 따뜻한 남쪽으로 향하는 여정. 메이라Meira를 따라 코모호수의 만과 작은 마을들, 정원 담장들, 올리브 나무들과 협죽도를 향해 가는 길.

이번에도 나는 다시 한번 감사한 마음으로 음미하고 싶다. 너그러이 이해해 주길 바라며, 안녕히!

행복

그대가 행복을 좇는 한,
그대는 행복해질 준비가 되어 있지 않다.
비록 세상의 모든 사랑이 그대의 것이라 해도.

그대가 잃어버린 것에 슬피 울고,
목표를 가진 채 쉬지 않는다면
그대는 아직 평화가 무엇인지 알 수 없으리라.

모든 소망을 내려놓을 때,
더는 목표도 욕망도 알지 못할 때,
행복을 더 이상 이름으로 부르지 않을 때,

그제야 삶의 흐름이
더는 그대의 가슴을 휘젓지 못할 것이다.
그대의 영혼은 마침내 고요히 머물게 되리라.

Gedankensplitter auf Reisen

3장

여행의 단상

저 멀리 푸른 곳

방랑자가 꿈꾸는 낙원

어린 시절, 나는 종종 높은 산 위에 홀로 서서 눈길을 저 먼 곳에 두곤 했다. 지평선에는 부드러운 언덕이 빛나는 안개에 잠겨 있었고, 그 너머로 세상은 깊고 푸르른 아름다움 속으로 가라앉을 것처럼 사라졌다.

그곳을 바라보는 동안 풋풋하고 갈망에 가득 찬 내 영혼의 모든 사랑은 하나의 커다란 그리움이 되어 촉촉하게 눈가에 맺혔다. 마치 마법에 걸린 듯한 시선으로 나는 아득한 푸른빛을 온 마음으로 마셨다. 고향과 가까운 경계는 내게 너무 차갑고 선명한 윤곽으로 다가왔다. 그 안에는 어떤 신비도 향기도 없는 것처럼 느껴졌다. 저 너머, 안개에 감싸인 먼 풍경은 모든 것이 부드러운 색조를 띠고 있었고, 아름다운 선율과 수수께끼, 그리고 유혹으로 가득했다.

그때부터 나는 방랑자가 되었다. 안개 낀 머나먼 언덕 위에 내가 서 있었다. 그곳은 차갑고 단단하고 선명했다. 그 너머 더 멀리에는 축복받은 푸르름이 펼쳐져 있었다. 그 풍경은 훨씬 더 숭고한 그리움을 불러일으켰다.

나는 여전히 종종 그 푸르고 아득한 곳이 유혹적으로 놓여 있는 것을 마주한다. 그 마법에 저항하지 않고 그 속에서 고향을 찾았다. 가까움과 현재의 언덕에서 낯선 사람이 되었다. 그리고 그건 이제 내가 행복이라고 부르는 것이다. 몸을 기울이고 드넓은 저녁 멀리에 있는 푸른 들판을 바라보며 가까운 곳의 차가움을 잠시 동안 잊는 것. 그것이 행복이다. 내 젊음이 의미했던 것과는 다른 무언가, 조용하고 외로운 무언가, 아름답지만 즐겁지는 않은.

은둔자의 행복 속에서 나는 지혜를 배웠다. 모든 것에 조금의 거리와 부드러운 여백을 남겨두는 일. 그 어떤 것도 일상의 차갑고 날카로운 빛 속으로 무심히 밀어 넣지 않는 태도. 마치 금박을 입힌 듯, 고요하고 소중히 다루는 지혜를 말이다.

가장 고귀한 보석이라 할지라도, 아무리 논란 없는 아름다움을 지녔다 해도 익숙함과 무관심 속에서는 그 빛을 잃고 만다. 어떤 직업도 그리 고귀하지 않고, 어떤 시인도 풍요로움을 지니지 않았고, 어떤 나라도 영원히 축복받지는 못한다.

그래서 나는 우리가 멀리 떨어져 황홀경 속에 빛나는 아름다움에 바치는 경건함과 사랑을, 가까이 있고 익숙한 것에도 선사하는 것이야말로 추구할 만한 예술이라 생각한다. 아침 햇살과 영원한 별을 덜 신성하게 여기지 않으면서도, 우리는 가장 가까이에 있는 것들, 가장 작은 것들에 섬세한 향과 은은한 빛을 부여할 수 있다. 그것들을 아끼고 부드럽게 대하며 모든 존재하는 것들이 저마다의 방식으로 지니고 있는 시적인 감성을 빼앗지 않는 방식으로 말이다.

거칠게 향유하는 것은 결국 쓴맛으로 변하고, 향유하는 이마저도 비천하게 만든다. 반면 초대받은 손님처럼 조심스럽게 향유하는 것은 우리에게 더 깊은 가치를 남기고 우리를 고귀하게 만든다.

우리는 이러한 깨달음을 어떤 학교에서도 배울 수 없다. 오로지 결핍의 학교에서만큼은 그 사실을 깨달을 수 있다. 당신은 고향에 만족하지 못하는가? 더 아름답고, 더 풍요롭고, 더 따뜻한 곳을 찾아 떠나고 싶은가? 그러한 마음, 동경을 따라 당신은 여행을 떠난다. 더 아름답고 햇살 가득한 다른 나라로 방랑한다. 당신의 마음은 한껏 열리고 더 온화한 하늘이 당신의 새로운 행복을 감싼다. 이제 이곳이 당신의 낙원이 되었다.

하지만 그것을 마냥 칭송하기 전에 조금만 기다려보라. 처음 느낀 기쁨과 젊음의 시간이 조금 지나고, 몇 년이 흐를 때까지 잠자코 기다려보라. 그러면 어느 날 문득 산에 올라 그대의 옛 고향이 자리한 하늘의 한 조각을 찾아보고 싶어질 때가 올 것이다. 고향의 언덕들은 얼마나 부드럽고 푸르렀던가. 그리고 당신은 깨달을 것이다.

고향에는 당신의 첫 유년 시절, 놀이하던 집과 정원이 여전히 남아 있고, 젊은 시절의 모든 신성한 기억이 그곳에서 꿈꾸고 있을 것이다. 그리고 고향에는 당신 어머니의 무덤이 있다.

그렇게 옛 고향은 의도치 않게 사랑스럽고 먼 곳이 되었고, 새로운 고향은 낯설고 너무 가까운 곳이 되었다. 이것이 바로 가난하고 불안한 우리 삶에서 모든 소유와 모든 습관이 겪는 운명과도 같다.

베른에서 빈까지

찬란한 선물

비가 세차게 내리는 흐린 10월 아침, 나는 베른 외곽에 있는 집을 떠났다. 혹시나 빈Wien까지 비가 계속될까 걱정스러웠다. 하지만 취리히에 도착하자 이미 날이 밝았고 뭔구름이 알비스 산맥 위로 흘러갔다. 호수는 서늘한 은빛 물결과 함께 푸르게 반짝였다. 취리히의 아우Au 마을과 아름다운 호숫가 마을들이 맑은 정오의 햇살 속에 선명하게 드러났다.

이제 나는 발렌호수부터 인스브루크Innsbruck까지 황금빛 가을 햇살 속에서 유럽에서 가장 아름다운 철도 노선 중하나를 따라 여행하는 행운을 누렸다. 알프스 산맥을 따라 이어지는 여정이었다. 산 위쪽에는 막 내려앉은 얇은 눈이 반짝이고 그 아래로는 연보라색과 장밋빛 바위 절벽이 빛 속에 부드럽게 드러났다. 더 아래에는 숲이 짙은 색으로 화려하게 타오르고 있었다.

가파른 쿠르피르스텐 산맥이 있는 발렌호수를 지나갔다. 여기서 나는 여러 번 도보와 노 젓는 배로 여행한 적이 있었다. 그리고 성과 숲이 우거진 능선이 있는 라인계곡은 여러 번의 도보 여행으로 친숙한 곳이었다. 이어서 웅장하고 거친 아를베르크Arlberg가 자리하고 있었다. 인스브루크에 도착했을 땐, 어둠이 곳곳에 내려앉은 저녁이었다.

밤에는 좁은 골목길을 따라 걸으며 어둑하게 흐르는 인강을 건너 산책했다. 다음 날에는 막시밀리안 황제의 묘비를 찾아갔다. 그는 경건하고 겸손하면서도 황제다운 위엄을 간직한 채, 단단한 금속으로 만든 기사와 왕들 사이에 무릎을 꿇고 있었다.

그 후에는 낙엽이 우거진 가로수길을 따라 마차 여행을 즐겼다. 마침내 도시 탑 전망대의 높은 곳에 올라 조용하고 햇살 가득한 휴식을 취했다. 아래로 보이는 넓고 어두운 지붕들, 분주한 작은 거리는 마치 나와 다른 세계처럼 펼쳐져 있었다.

다음 여정은 늘 빛나는 산들과 황금빛 숲 가장자리를 따라 비쇼프스호펜Bischofshofen과 젤츠탈Selzthal을 지나는 아름다운 길이었다. 신선하고 거친 개울을 건너자 흰 반점이 있는 붉은 소와 어린 말들이 가득한 풍요로운 가을 목초지가 펼쳐졌다. 마침내 산들은 점점 더 멀리 뒤로 물러났고, 도나우 강이 눈앞에 펼쳐졌다. 아이헨도르프의 『쓸모없는 사람』에서 여행을 시작하는 아름다운 숲과 조용하고 하얀 성들이 가득한 그 땅이 나타났다.

저녁이 되자 빈이 안개 속에서 모습을 드러냈다. 바깥에서 보면 혼란스러운 건물 더미였지만, 그 안에는 수많은 멋진 약속이 가득 차 있었다.

이제 나는 다시 빈에 와 있다. 설렘을 가득 안고 아침이 밝자마자 첫 시내 산책에 나섰다. 시청 옆을 지나 링 거리Ringstraße를 따라 조성된 녹지대로 들어갔다. 거기서 보티브 교회의 섬세한 회색 탑이 도시의 옅은 안개 속에서 솟아오르는 모습과 미노리텐 교회의 강인하고 당당한 실루엣이 넓고 웅장하게 솟아오르는 모습을 보았다. 차갑게 흩날리는 아침 바람 속에서 이 독특한 빈 특유의 분위기를 다시 한 번 온전히 들이마셨다.

종소리와 나뭇잎이 바스락거리는 소리, 안개 같은 먼지와 춤추듯 흩날리는 분수, 언어의 억양과 수백 가지 작은 매력적인 표식들. 그 모든 것이 한데 어우러져 빈의 분위기로 내게 다가왔다.

부드럽고 상냥하면서도 생기 넘치는 도시. 그 위로 아련한 슬픔과 과거의 꿈이라는 베일이 내려앉은 곳. 건축과 거리 생활, 방언, 사람들, 모든 것이 화려함과 우아함 사이에서 섬세하고 자극적인 조화를 이루고 있었다. 이곳은 남부 독일식 사교 문화와 음악의 고향이었다.

빈의 미술관에서는 브뢰겔Breughel의 농촌 교회 축제와 설경, 로렌초 로토Lorenzo Lotto의 금발 청년 초상화, 거대한 루벤스Ruben의 제단화, 뒤러Dürer와 홀바인Holbein, 그리고 아래층에는 놀라운 이집트 유물을 만날 수 있었다. 부르크 극장에서는 형편없는 작품이 상연되고 있었지만, 극단의 문화와 빛나는 태도에 감탄했다. 궁정 오페라에서는 훌륭한 오케스트라의 연주와 풍부한 울림을 즐겼다. 구트하일Gutheil이 연기한 〈카르멘〉을 보았는데, 이는 결코 잊지 못할 무대였다. 소중한 친구들도 다시 만났고 새로운 인연도 만났다. 클로스터노이부르크Klosterneuburg에서 중세 필사본과 왕족을 위해 설계된 거대한 홀, 신비롭게 빛나는 에나멜 제단화를 관람했다.

어느 저녁에는 지퍼링Sievering에서 햇포도주를 마시며 앉아있었고, 또 다른 오후에는 내가 아는 가장 아름답고 사랑스러운 옛 빈의 분위기를 간직한 친구들 집에 손님으로 방문했다. 빈의 우아함이 어디서나 나를 둘러싸고 기쁘게 해주었지만, 그 시간은 너무 빨리 흘러버렸다. 곧 빈에서의 날들이 끝나버렸다.

이제 오스트리아 땅에 작별을 고한다. 마지막으로 잘츠부르크Salzburg에서 휴식을 취하고 있다. 뫼히스 산에 올랐고, 오래된 골목길과 넓고 빛나는 광장들을 거닐었다. 그리고 밤이 찾아올 무렵, 웅장한 대성당 옆에 서서 종소리를 기다렸다.

어둠은 빠르게 짙어졌고, 큰 분수대의 가장 높은 물줄

기만이 여전히 희게 빛나며, 보이지 않는 어딘가로 떨어졌다. 대성당의 거대한 실루엣은 하늘의 절반을 가로질렀다. 그리고 마침내 깊은 종소리가 울려 퍼지기 시작했다.

넓은 광장은 장엄한 종소리가 물결치다 점점 잦아들며 사라져갔다. 끝자락에는 마치 깨지기 쉬운 느낌의 아주 살짝 음정이 맞지 않는 소리가 이어졌다. 애수로 가득한 소리였다.

그 곁에는 점점 짙어가는 밤 속에 커다란 모차르트의 동상이 고요히 서 있다. 그는 평온하고 우월한 시선으로 아래를 바라보고 있었다. 이제 그를 괴롭히는 것은 없다. 빈곤도 근심도, 한때 그를 그토록 비참하게 대했던 잘츠부르크의 대주교도 사라졌다. 그는 모든 것을 초월한 채 크고 초인적인 자태로 미소를 머금고 있다.

그의 사랑스러운 모습은 시간이 흐를수록 더욱 높이 솟아올라, 우리에게 그리고 우리 아이들에게는 더욱 커다란 존재로 남을 것이다. 한 세기만으로는 그의 위대함을 완전히 이해할 수 없기 때문이다.

나는 모든 거장 중에서도 가장 사랑스러운 존재인 그를

올려다보았다. 그는 내게 오스트리아가 독일 문화에 남긴 가장 빛나는 상징이 되었다. 비록 나는 베를린과 독일 북부를 알지 못하지만, 그곳에서도 이처럼 찬란한 선물이 주어지려면 아직 오랜 시간이 필요할 것만 같다.

마울브론 회랑의 분수

가장 조용한 고백

마울브론Maulbronn 지역의 여름 숲 언덕을 통과하는 작은 기차에 몸을 실은 건 수십 년 만에 처음이었다. 잠든 듯한 조용한 역이 나를 맞이했다. 축축하고 습한 숲을 걸어 마울브론으로 건너갔다. 재회의 기대에 기쁘면서도 동시에 불안했다. 왜냐하면 이제는 전설 같은 젊은 시절에 겪었던 몇몇 인상적인 일을 이곳에서 경험했기 때문이다.

쌉쌀한 나뭇잎 냄새가 물씬 풍겨왔다. 너도밤나무 우듬지 사이로 엘핑거 산과 포도밭 위의 둥근 참나무 언덕, 그리고 내가 학창 시절에 뛰놀던 놀이터가 보였다. 골짜기의 따뜻한 수증기 사이로 보이는 보리수나무 가지 너머로 첨

탑과 기다란 교회 지붕의 일부가 보였다. 문득 수백 개의
둑이 터지듯 말로 다 표현할 수 없는 재회의 감정이 쏟아졌
다. 기억, 슬픔, 경고, 미소, 후회, 늙어버린 사람의 걱정, 깊
고 새롭게 깨어난 사랑, 놀라 흔들리는 그리움이 펄럭이는
날개 위에서 비틀거렸다.

오래전 내가 눈길을 주었던 모든 것을 한눈에 다시 알
아볼 수 있었다. 아, 나는 이 모든 것을 얼마나 사랑했던
가. 얼마나 오래도록 그리워해왔던가. 또한 얼마나 이 사
랑과 그리움에 대한 마음을 애써 외면해 왔던가. 이 감정
들은 여러 해 동안 내 안에 깊이 잠들어 있었고, 이곳에 오
자 비로소 깨어났다. 계곡과 숲, 연못, 거칠어진 옛 참나무
가지 아래의 놀이터. 이 모든 곳을 나는 그때도 지금도 사
랑으로 바라본다.

무덥고 습한 더위 속을 나아가며 나는 마음을 다잡고
일정한 속도로 걸었다. 옛 우체국을 지나 히르쉔Hirschen에
서 문을 통과해 수도원 광장으로 들어섰다. 보리수나무들
과 분수를 지나 '낙원'으로 향했다. 이 낙원은 교회의 아치
형 현관으로 그곳에는 자칫 지나치게 가늘어 보인다는 인

상을 주는 기둥들이 있었다.

　나는 광장, 나무, 건물들이 내가 품고 있던 과거 기억 속 이미지와 정확히 일치하는 축복받은 현실 속에 서 있었다. 꽃 피는 보리수에서 따뜻하고 둔탁하게 벌들이 윙윙거리는 소리가 들려왔다. 높고 둥근 아치 아래를 지나 낙원으로 발을 들였다. 움직임 없는 마법에 걸린 돌의 서늘함에 둘러싸여 놀라서 서 있었다. 창문 아치와 날씬하고 살아 있는 듯 솟아오른 기둥들의 첫 번째 아름다운 음을 깊이 마셨다. 차가운 수도원 공기를 깊이 들이마셨다. 그리고 갑자기 모든 것을 다시 알았다. 모든 것, 모든 계단과 문, 모든 창문, 모든 방, 기숙사의 모든 침대, 도르멘테Dormente◆의 냄새, 교수 정원과 수도원 부엌의 냄새, 그리고 아침 종소리까지!

　모든 것이 다시 거기 있었다. 빠진 것 하나 없었다. 나는 여기서 눈을 감고도 계속 나아갈 수 있었고 수십 년 전처럼 어둠 속에서도 모든 길을 찾을 수 있는 것만 같았다.

◆　수도사들이 함께 잠자는 공동 수면 공간.

나는 자유롭게 달콤하고 드문 기적을 들이마셨다. 고향 없는 방랑자에게는 너무나 낯설고, 너무나 생소하고 아름다우며, 완전히 새로운 고향 공기말이다. 마치 오래전에 깨지고 한쪽에 치워두었던 보물이 하룻밤 사이에 다시 온전하고 아름답게 되어 내 것이 된 것 같았다! 마치 사랑하는 죽은 이들이 내 옆에 서서 내가 그들을 죽었다고 믿었다는 것에 미소 지으며 내 눈을 들여다보는 것 같았다. 마치 이제 멀고 전설처럼 되어버린 젊음을 한때 그토록 신뢰하고 풍요롭고 귀중하게 만들었던 모든 것이 다시 존재하는 것 같았다. 아버지의 집, 조국, 믿음, 어머니, 동료들, 황금빛 미래 꿈의 직물.

첫 번째 도취에서 약간 회복된 후에 나는 계속 더 나아갔다. 서두르지 않고 이리저리, 수도원과 몇 개의 이웃 건물들의 평화로운 영역 안에서 작고 친숙한 길들을 걸었다. 그곳에서 모든 발걸음, 모든 계단, 오래된 계단 난간의 모든 튀어나온 못이 내게 예전에 익숙했던 곳이었다. 놀랍게도 이런 종류의 수천 가지 작은 것들이 지금도 여전히 내게 정확히 기억되고 친숙했다. 어디에나 생생한 기억이 있었다. 그 기억 뒤에는 마치 나중의 회벽 뒤에 있는 오래된 그림의 잔재처럼, 여기저기에서 더 깊은 기억의 흔적들이 빛나며 나타났다. 그 흔적은 당시의 무의식 속 영혼의 삶이 신비로운 조각들과 소년 시절의 가장 깊고 외로운 경험들의 덮이고 잊힌, 거의 이해할 수 없는 지속적인 울림이었다. 그때는 아직 엄청난 것을 경험하고 전례 없는 것을 시도할 수 있었다. 이 모든 것이 어디로 사라졌는가? 그것들은 무엇이 되었는가? 그 시절의 나는, 내 재능과 꿈, 계획들은 무엇이 되었는가?

하지만 이 수도원 세계 한가운데서 나는 한 가지를 잊고 있었다. 지금 이렇게 거닐며 다시 보는 중에도 그것을 생각하지 않았다. 그것은 때가 되어서야 다시 나타났다. 그때는 수도원의 잠긴 구역으로 누구도 들어갈 수 없는 시간이었다. 나는 무거운 문에 두꺼운 열쇠를 조용히 돌려 넣고 조심스럽게 회랑으로 향하는 문을 열었다. 여기서도 나는 모든 것이 내 기억 속에 충실하게 미리 그려져 있음을 안다. 고딕 양식의 아치와 정교하게 장식된 창문 장식 사이, 붉은색과 회색의 돌 타일 위에는 묘비가 조각되어 있었고, 문장과 수도원장의 지팡이, 오래된 회벽에 신비롭게 풍화

된 색깔 얼룩들, 돌 창문틀 사이로 차분한 빛 속에 관목의 짙은 녹색, 그 사이로 두세 송이의 장미꽃이 다정하고 슬프게 빛나고 있었다. 내 발소리만이 돌 위를 울리는 고요한 공간. 문득 어디선가 끝없이 부드럽고 가느다란 선율이 울려오기 시작했다. 몽환적이고 영적인 소리가 단조로운 침묵 속에서 여러 목소리로 멀지도 가깝지도 않게, 경이로우면서 자연스럽게 울렸다. 마치 이 고요하고 조화로운 건축물이 스스로 친밀한 노래를 부르는 것 같았다.

그 달콤한 소리가 내 의식에 도달하기 전, 나는 한걸음, 두 걸음 더 걸었다. 그러나 거기서 나는 멈춰 섰다. 내 심장이 갑자기 쿵쾅대기 시작했다. 다시 기억은 전보다 더 높고 장엄한 문들을 열었고, 마침내 사라진 마법이 돌아왔다. 그리고 나는 다시 깨닫게 되었다.

그대, 내 젊은 시절의 노래여! 세상의 어떤 소리도, 고향의 어떤 교회 종소리도, 아직 살아있는 이들 중 어떤 인간의 목소리도 그대처럼 내게 말하지 않으리. 내 젊음의 노래여, 내가 그대를 어찌 잊고 지낼 수 있었단 말인가.

혼란스럽고 부끄러운 마음으로 나는 그 기적에 더 가까이 다가섰다. 분수 예배당 입구에 서서, 아치형 공간의 맑은 그림자 속에 떠 있는 세 개의 분수 그릇을 바라보았다. 노래하는 물줄기는 첫 번째 그릇에서 두 번째 더 큰 그릇으로 여덟 개의 가느다란 선을 그리며 흘렀고, 다시 세 번째, 가장 큰 그릇으로 떨어졌다. 아치 천장은 마치 영원히 잠자는 숲속의 공주처럼 마법에 걸린 채 살아 있는 소리와 함께 놀고 있었다. 오늘도 어제처럼, 오늘도 그때처럼, 그 아치는 세월을 넘어, 모든 아름다움의 시간을 초월한 완전한 형상으로 만족한 채 그 자리에 있었다.

성스러운 그림자가 내 위로 드리워졌고, 수많은 아름다운 노래가 나를 흥분시키고 위로했다. 여러 나라의 분수들이 나, 이 방랑자에게 말을 걸었다. 그러나 이 분수는 달랐다. 무한한 이상이었다. 그 분수는 내 젊음의 노래를 불렀고, 내 사랑을 품었으며, 모든 사랑이 깊고 열정적이었고, 모든 꿈이 아직 미래로 가득 찬 별이 가득한 하늘이었던 시절의 나를, 내 꿈을 지배했다. 내가 삶에서 그토록 바라왔던 것, 내가 스스로 삶에 약속했던 것, 내가 될 것이라고 생각했던 것, 이루고 견디고자 했던 것. 영웅적 용기와 명성, 예술가의 정신, 그리고 고통스러울 만큼 풍요로웠던 젊음의 꿈들이, 이 조용한 예배당의 분수에서 다시 되살아났다.

분수의 노래는 나를 기억하고, 보호하고 있었다.

그리고 나는 그것을 잊었다! 물론 별이 장식된 천장과 지나치게 가는 창문 기둥이 있는 예배당, 그리고 분수 그릇들과 침묵하는 벽 한가운데 있는 밝고 푸른 정원 섬은 잊지 않았다. 이 모든 것을 잊지는 않았다. 그러나 분수의 노래, 부드럽게 떨어지는 물의 달콤하고 균형 잡힌 마법의 노래, 내가 청년이던 시절의 가장 순수한 갈망과 보물, 재산—이 것들을 나는 잊을 수 있었다!— 그리고 이제 친숙한 성소에 조용히 슬프게 서서 내 안의 모든 죄와 모든 타락을 지울 수 없으리란 걸 깊게 느꼈다. 젊은 날의 꿈에 비하면 영웅적인 행동이나 예술가의 능력은 얻지 못했다. 그럼에도 어두운 물속에서 내 자신의 모습을 찾을 용기는 나지 않았다. 단지 차갑고 단호한 물결에 내 손을 적셨고, 가만히 서서 분수의 노래가 정원의 고요함으로, 죽은 석조 회랑으로 흘러가는 것을 들었다. 예전처럼 몽환적이지만 나에게는 깊은 비난으로 가득 찬 소리였다.

"이곳을 돌아보며 옛 시절을 떠올리는 건 그대에게는 참 묘한 기분이겠군."

215

얼마 뒤 만난 친구가 말했다.

"그 시절 그대는 세상과 예술에 대한 갈망으로 가득 차 있는 한편 의심도 함께였지. 그대가 꿈꾸던 무엇도 이루어질 수 있음을 그땐 알지 못했지. 그리고 이제 그대는 세상에서 돌아와 그대의 목표를 달성하고 꿈을 이루었네. 진정 예술가가 되었고 아름다운 세계를 정복했지. 성공과 여행, 축제가 있는 예술가의 삶에서 돌아왔어."

친구의 말에 내가 할 수 있는 답은 하나뿐이었다.

"그래, 참 묘한 기분이로군."

나는 한 번 더 마당의 높은 보리수나무 아래 앉았고, 한 번 더 참나무가 있는 옛 놀이터로 올라갔으며, 한 번 더 깊은 호수에서 수영하고 여행을 계속했다. 그 이후로 마울브론을 생각할 때, 나는 파우스트 탑과 낙원, 참나무 광장과 뾰족한 교회 탑을 떠올렸다. 하지만 그것들은 단지 이미지일 뿐이다. 그것들은 회랑 예배당에서 들려오는 부드러운 분수 소리와 교회 벽의 회반죽 뒤에 있는 오래된 신성한 그림의 잔재처럼 다른 기억들 뒤에 있는 기억들 앞에서는 제대로 빛나며 살아나지 못한다.

도시 여행

그저 삶을 받아들일 뿐

은둔자가 오랜 세월이 지난 후 자신의 은신처를 떠나 도시와 사람속으로 나아가게 되면, 그는 대개 그럴듯한 이유를 내세우지만, 그 끝은 종종 우스꽝스럽기 마련이다. 구두장이가 구두장이로 남아야 하듯 은둔자도 은둔자로 머물러야 한다.

유럽에서는 흔히 은둔 생활이 직업이라기보다는 구걸처럼 열등한 것이라 여기지만 이는 어디까지나 이곳에서만 유행하는 견해일 뿐이다. 은둔 역시 하나의 직업으로 구두장이나 구걸하는 사람, 강도, 전사와 마찬가지로 고유한 역할을 지닌다. 오히려 그것은 집행관이나 미학 교수와 같은 최근의 직업보다 훨씬 더 오래되고, 더 중요한 의미를 지니며, 때로는 더 신성한 일이다.

사람은 누구나 자신의 역할과 가면 속에서 살아간다. 만약 그 틀을 벗어나려 한다면, 그가 아무리 이해할 만한 이유가 있더라도, 결국엔 보통 어리석은 선택으로 여겨지고 만다. 나 역시 그랬다. 내 삶과 스스로에게 불만을 품고, 산 뒤편에 숨겨둔 은신처를 닫아 두고 잠시 도시와 사람들 사이로 나아갔을 때 말이다.

나는 새로운 경험과 관계에 대한 호기심에 이끌렸다. 오랫동안 권태와 고통만 맛보며 아마도 다시 조금이나마 기쁨과 즐거움, 만족을 느낄 수 있으리라는 희미한 희망을 품었다. 어쩌면 다시 다른 사람들과 나를 비교하고, 그들과 나 자신을 진지하게 바라볼 기회를 얻을 수 있을지 모른다는 희망을 품었다.

나는 도시, 군중, 대중, 예술, 상업, 요컨대 이 세상의 온갖 마법이 나에게 영향을 미치길 바랐다. 은둔자와 사상가의 무거운 고뇌와 상상 속의 지혜에서 벗어나 다시 인간이 되고, 다시 아이가 되고, 다시 인간 삶의 의미와 아름다움을 믿을 수 있기를 원했다.

근본적으로 인간 삶의 가치를 믿지 못했지만, 그렇다고 순진한 사람들이 택하는 탈출구인 자살이나 광기의 길을 갈 수도 없었다. 나 같은 존재는 마치 자연이 특별히 창조해낸 실험체처럼 보였다. 내 삶을 통해 다른 이들에게 무의미함과 절망을 증명하도록 한 게 아닐까. 자연이 '인간'이라는 실험을 시작했을 때 어떤 의도를 품었는지, 무엇을 했는지는 알 수 없다. 하지만 분명한 건 그런 인간은 당연히 어려운 삶을 살게 된다. 그렇기에 때때로 다른 방법을 시도하고 삶의 이런저런 부분을 바꾸고 싶은 욕구를 느끼곤 한다. 혹시라도 삶이 조금이라도 더 견딜 만하고 아름다워질지도 모른다는 희망을 품는다.

그래서 나는 여행 가방을 들고 도시로 떠났다. 그리고 사람들이 북적이는 곳에 작은 방 하나를 얻었다. 이곳 생활에 적응하는 것은 쉽지 않았다.

이 도시 사람들은 놀랍도록 이른 아침에 일어난다. 밤이 되면 집에 돌아와 피아노와 바이올린을 연주하고, 목욕

219

하고, 쉴 틈 없이 이리저리 다닌다. 대부분 사업가이거나 그들의 직원이었고, 모두 미친 듯이 할 일이 많았다.

어떤 이들은 사업이 잘되지 않아 더 많은 일을 해야 했고, 상황을 개선하기 위한 노력으로 과로했다. 그들은 모두 지나친 피로를 짊어진 채, 거의 모두가 인간이 살아가는 데 필요한 것이 아닌, 단지 제조업자와 상인에게 돈을 가져다주기 위해 발명된 물건들을 만들거나 거래했다. 나는 호기심에 그런 물건 몇 개를 사는 시도를 해보았다.

밤이 되면 거리의 소음과 혼잡함 속에서 잠을 이룰 수 없었다. 낮에는 종종 피곤하고 지루함을 느껴 상인들 중 한 명에게서 수면제를, 다른 한 명에게서는 독자를 즐겁게 해주는 책 몇 권을 샀다. 하지만 수면제는 나를 잠들게 하는 대신 흥분되고 초조하게 만들었고, 책들은 나를 즐겁게 하기보다는 대낮에 잠들게 했다. 사실 모든 것이 그러했다. 이곳에서는 판매자와 구매자가 어울려 커다란 즐거움을 주고받는 게임이 진행되고 있었지만, 누구도 그것을 진지하게 받아들이지는 않았다.

당시 도시는 한창 연례 축제를 앞두고 있었다. 이 축제는 한편으로는 산업을 촉진하고 몇 주 동안 상업을 활성화하는 데 목적이 있었다. 다른 한편으로는 모든 도시 가정에 어린 나무를 잘라 전시함으로써 자연과 숲의 기억을 되살리고, 가족 생활의 즐거움을 축하하는 의미를 지니고 있었다. 이 역시 곧 간파한 게임이자 약속에 불과했다.

자연과 숲에 대한 기억이 필요했던 사람은 아무도 없었다. 실내용 전나무 몇 그루가 자연을 즐기는 적절한 수단이라고 믿을 만큼 어리석은 사람도 없었다. 또한 대부분의 이들은 가족, 결혼, 자녀를 축복하는 것을 존경하기는커녕, 오히려 부담으로 느꼈다. 하지만 이 축제 덕분에 사 주 동안 수백만 명의 노동자는 바쁘게 일할 수 있었고, 이틀 동안은 모든 주민이 특별한 즐거움을 누릴 수 있었다. 심지어 나 같은 이방인에게도 달콤한 과자를 건네며 축제의 기쁨을 전했고, 평소에는 서로 소원했던 가족들조차 몇 시간 동안은 행복으로 넘쳐났다.

이 시기의 도시는 정말 매력적으로 보였다. 넓은 쇼핑 거리에서는 밤낮으로 집집마다, 창문마다 빛이 넘쳐흘렀고, 진열된 상품과 꽃, 장난감으로 가득했다. 일상 속 무거운 노동과 고된 삶이 마치 실제로는 재치 있고 정교하게 설계된 오락 게임처럼 보였다.

물론 이방인으로서 불편한 점도 있었다. 술집조차도 예외가 아니었다. 사람들은 자연과 가족, 일과 같은 모든 현실을 잠시 잊고 한 잔의 술과 담배 연기 속에서 위안을 찾으려 했지만, 그곳에서도 축제 분위기를 피할 수는 없었다. 곳곳에 반짝이는 조명이 달린 나무들이 설치되었고, 음악이 흐르거나 혹은 흐르지 않는 가운데 감상적인 분위기가 조성되었다. 가정에서보다도 더 강렬한 빛과 장식이 숨 막힐 정도로 공간을 채우고 있었다.

축제가 시작되기 전 어느 저녁, 나는 한 식당에서 달걀 요리와 레드와인 반 병을 곁들이며 꽤 만족스럽게 앉아 있었다. 그때 한 신문 광고가 내 시선을 사로잡았다. 문학 협회가 주최한 '헤르만 헤세의 밤' 행사였고, 참석을 적극 권장하는 내용이었다. 나는 흥미가 동해 서둘러 행사장으로 향했다.

건물에 도착해 홀 입구에서 만난 매표원에게 헤세 씨가 직접 등장하는지 물었다. 그는 아니라고 말하며 사과하려 했지만, 나는 그가 오거나 오지 않거나 하는 일엔 전혀 관심이 없다고 답하며 그를 안심시켰다. 1마르크를 내고 행사 안내 책자를 받은 뒤, 자리에 앉아 잠시 기다리자 행사가 시작되었다.

그곳에서 나는 내가 젊은 시절에 쓴 시들을 들었다. 그 시를 쓸 당시 나는 아직 젊은 취향과 이상을 지니고 있었고, 진실성보다는 열정과 이상주의에 더 관심을 두었다. 그래서 삶을 주로 밝고 긍정적으로 바라보았다. 하지만 지금은 삶을 사랑하지도, 부정하지도 않고, 그저 받아들일 뿐이다. 그런 까닭에 내 젊은 시절의 목소리를 시 속에서 다시 듣는 것이 이상하게 느껴졌다.

몇몇 시는 작곡가들에 의해 곡이 붙여져, 아름답게 차려입은 여성의 목소리로 불렸다. 일부는 낭독되었다. 젊고 감상적인 마음을 가진 청중들은 공연에 몰입하여 감성적으로 미소 지었지만, 나를 포함한 다른 냉정한 청중들은 움직이지 않았다. 때때로 약간 경멸적인 미소 짓거나 조용히 잠들어 있었다.

이 모든 관찰과 한때 내게 중요하고 신성하게 여겨졌던

시의 얄팍함을 깨달으면서도, 나는 여전히 내 안에 상당한 허영심이 남아 있음을 발견했다. 가수나 낭독자가 시에서 몇 단어를 생략하거나 다른 단어로 바꾸어 말할 때마다 실망하고 약간 상처받았기 때문이다.

　　이 저녁 행사는 나에게 좋지 않은 경험이었다. 목과 위가 건조하고 쓴맛이 올라오는 느낌이 들어 끝까지 앉아 있을 수 없었다. 이후 몇 시간 동안 코냑과 물로 그 느낌을 없애려 했지만 실패했다.

　　이 문학 행사에서도 내가 어떤 의미에서는 전문가로 여겨질 수 있었음에도, 나는 나를 은둔자로 만드는 그 고립감을 다시금 느꼈다. 나는 인간의 삶을 진지하게 받아들이고 싶은 깊은 열망을 품고 있지만, 다른 사람들은 비밀스럽고 내가 알지 못하는 규칙에 따라 삶을 사교적이고 가벼운 게임으로 여기고 참여하는 듯했다. 내가 보고 경험한 모든 것은 나를 더욱 이 난처한 상황으로 밀어 넣었다. 나는 끝내 적절하게 이 게임에 참여하는 방법을 찾지 못했다. 하지만 내가 어디서도 성공하지 못하는 동안, 나를 우스꽝스럽게 만들지 않고 오히려 확신을 주고 강화해 준 경험이 하나 있었다.

갑자기 세상을 떠난 친구의 장례를 도와야 했던 적이 있다. 그는 은둔자가 아니라 유쾌하고 사교적인 사람이었다. 그의 고요해진 얼굴에 작별을 고하며 마지막 인사를 할 때, 나는 그 얼굴에서 삶이라는 아름다운 놀이에서 벗어난 것에 대한 불만이나 고통을 읽을 수 없었다. 대신 깊은 동의와 만족감이 보였다. 마침내 그는 수수께끼 같은 인간의 삶을 더 이상 하나의 놀이로서가 아니라 가장 깊은 곳에서 진지하게 받아들일 수 있게 되었다는 것에 대한 만족감이었다. 이 죽음의 얼굴은 나에게 많은 것을 말해주었고, 나를 슬프게 하지 않고 오히려 기쁘게 했다.

그리고 나는 다시 거리를 배회하며, 아름다운 여성들과 서두르고 짜증 난 얼굴의 남성들을 바라본다. 그들은 모두 축제의 어색하고 인위적인 기쁨을 벗어던진 얼굴이었다. 나는 때로는 이 연극을 슬퍼하고, 때로는 즐거워하면서, 결국 언젠가는 그 비밀스러운 게임 규칙을 이해할 날이 오기를 바란다.

여행 편지

나를 찾아오는 꿈들

몇 년 전까지만 해도 나는 내 구식 취향과 현대적 원칙, 그리고 내 삶의 관점을 다른 이들과 나 자신에게 숨기는 데 성공했다. 때로는 필요할 때 이를 악물고 여전히 젊은 신사인 척 연기하기도 했다. 하지만 이런 태도를 내려놓자 나는 훨씬 더 편안해졌다. 시대와 환경의 정신에 적응하는 것이 아무리 멋진 일이라 해도, 솔직함의 기쁨이 더 크고 오래 지속되기 때문이다. 그래서 이제 나는 나 자신과 다른 이들 앞에서 여행에 대한 혐오감을 더 이상 숨기지 않는다.

그럼에도 모든 여행을 피할 수는 없기에, 나는 점차 일종의 여행 기술을 습득하게 되었다. 이는 대략 초기 중세 시대의 수준에 맞먹는다. 예를 들어 이번 여름이 끝나갈 무렵, 들뜬 기분에 뉘른베르크로의 초대에 유혹된 일이 있다. 그곳에서 나는 하룻밤 동안 사람들에게 시를 낭독해주기로 했다.

　11월 중순에 있을 이 뉘른베르크 행사를 위해 나는 9월 말에 여행을 시작했다. 남부 테신에서 뉘른베르크까지의 길은 꽤 멀어서 여러 단계로 나누어 가는 것이 좋기 때문이다. 또한 의무적인 여행을 아름다운 햇살 가득한 날씨에 시작하는 것이, 회색빛 차가운 늦가을에 하는 것보다 훨씬 즐겁기 때문이다.

　여행의 첫 구간까지는 지금까지 중 가장 즐거웠다. 루가노Lugano에서 로카르노Locarno까지의 구간이었다. 자동차와 비행기에 익숙하지 않고, 여행 중 작고 개별적인 순간에 머무르기를 좋아하는 구식 방식의 사람들에게는 이 구간은 딱 적당한 길이다.

　나는 거기서 우연히도 세계사와 거의 접촉할 뻔했다. 당시 로카르노에서는 회담을 위해 외교관들이 도착할 것으로 예상되었고, 구석구석 익숙하고 사랑스러운 이 오래된 작은 도시는 큰 환영 행사로 분주했다. 거리가 새로 포장되며 벤치가 새롭게 페인트칠 되는 것을 며칠 동안 지켜볼 수 있었다.

나는 친구들의 집에 머물렀는데, 그곳에는 칠레소나무, 은행나무, 바나나가 자라는 조용하고 울창한 열대 정원이 있었다. 브리오네Brione와 고르돌라Gordola의 뜨거운 언덕에서 푸르고 달콤한 포도를 먹었다. 그 아름다운 날들이 지난 후에는 여행을 계속하기로 결정 내리기가 힘들었다. 이제 다시 알프스의 따뜻한 남쪽을 떠나 큰 터널을 지나 유럽 북쪽과 문명에 다시 익숙해져야 했기 때문이다.

신중하게 취리히까지 여행하며 북부 가을의 서늘한 회색빛 공기와 도시 생활의 아름답고 유희적인 이미지 세계에 조심스럽게 다시 빠져들었다. 미술 전시회, 극장, 영화관을 돌아다녔다. 상영된 영화에서 내 동료, 게르하르트 하우프트만Gerhart Hauptmann[*]이 부러울 정도로 건강하게 리구리아해에서 목욕하는 모습을 보았다.

◆ 독일 극작가, 소설가, 시인.

친구들을 만났고, 빈터투르Winterthur에서는 내 친구 한
스 슈투르체네거Hans Sturzenegger♦의 아름다운 전시회를 보았
다. 그와 함께 한때 내 삶의 여행을 즐기던 시절을 떠올렸
다. 그 시절의 나는 실론Ceylon과 수마트라Sumatra에 있었는
데, 그의 많은 그림이 나를 다시 그 세계로 이끌었다. 향기
로운 아시아의 해안과 원시림 속 넓고 고요한 강들이 마치
눈앞에 펼쳐진 듯 기억이 되살아났다.

빈터투르에서 스위스의 컬렉터 오스카 라인하르트Oskar
Reinhart의 집에서 내가 아는 한 가장 아름다운 고급 회화 개
인 컬렉션을 감상했다. 취리히에서는 올 가을의 신선한 와
인 몇 잔을 마셨다. 나는 잠시 격렬한 즐거움은 당분간 충
분하다고 느끼며 여행을 멈추고 좀 더 긴 휴식이 필요하다
고 생각했다.

내가 림마트Limmat 강변의 인근 바덴을 떠올리자, 곧 온
몸 여기저기에서 익숙한 느낌과 경고가 들려왔다. 그곳에
서 나는 이미 여러 번 뜨거운 유황수로 성공적인 목욕 치료
를 했었다. 나는 이 좋은 기회를 다시 누릴 시간이라고 느

♦　스위스 화가.

겼다. 그래서 나는 바덴으로 건너갔다. 그곳에서 오래되고 존경받는 페레나호프Verenahof에서 다시 유황 온천의 마법과 조용한 체류의 평온함을 즐겼다.

이제 나는 바덴에서 꽤 오랜 시간을 보내고 있다. 매일 아침 경건하게 치유의 물에 들어가 몸을 담그고, 림마트 강을 따라 산책하며, 맑은 날에는 햇살 속에서 빛나는 색색의 숲을 바라본다. 비 오는 날에는 방 안에서 책과 함께 누워 여행을 계속할 생각은 잠시 미뤄두었다.

이 시간 동안 몇 권의 책은 나에게 좋은 동반자가 되어주었다. 먼저 시인 장 폴Jean Paul에 관한 문학 연구자 발터 하리히Walther Harich의 작품인데, 그의 기질과 투쟁 의지가 나에게 많은 기쁨을 주었다. 그리고 그 안에서 한 세기의 독일 정신이 다시 한번 자기비판과 새로운 자세를 찾아가는 모습을 보았다.

그다음으로는 에밀 루트비히Emil Ludwig◆의 빌헬름 2세 황제에 관한 영리하고 세련된 책도 나를 즐겁게 해주었다.

◆ 독일, 스위스 작가.

다소 지나치게 명확하고 합리주의적인 면이 있었지만, 모든 일을 이해할 수 없고 비합리적인 측면으로 인정하는, 위험하면서도 풍부한 고차원의 체념과 유머러스한 분위기가 드물게 느껴졌다. 그러나 입증 자료의 능숙한 선택과 직선적인 심리학에서는 빛나는 작품이었다. 이 책에서는 황제에게 책임을 묻는 동시에, 황제는 면책되는 묘한 역설이 있었다. 마지막에 이르러 황제는 경솔했던 세월이 지난 후, 결코 이루지 못했던 통찰과 반성이 오늘날까지도 그의 옛 신하들에 의해서도 이루어지지 않았다는 답답한 감정 앞에 서게 된다.

마지막으로 나는 역사학자 페르디난트 그레고로비우스Ferdinand Gregorovius의 검증된 고전, 『이탈리아에서의 방랑의 해』로 돌아갔다. 이 책에서 나는 내가 좋아하는 많은 부분을 다시 찾아보았다. 교수의 기질에서 자유롭지는 않았지만, 이 위대한 작품은 독일 학문의 전성기에서 학식과 표현 예술의 걸작으로 남아 있다.

그러나 이 책들은 내 현재 삶에서 작은 역할만 하고 있다. 더 중요한 것은 아침에 해가 비치는지, 내 다리가 더 긴 숲길 산책을 허락하는 상태인지, 일 층에 머무르는 젊은 숙녀가 저녁 식사에 나타나는지 아닌지와 같은 소소한 것들이다.

중요한 것은 강변 산책로에 있는 시들어가는 플라타너스 나뭇잎 소리와 이 강인한 나무들에 대한 경외감이다. 이 나무 아래에는 이미 여러 날 동안 시든 낙엽이 계속해서 쌓이고 있지만, 위쪽의 나뭇가지들은 여전히 바람에도 흔들리지 않고 빽빽하고 푸르게 서 있으며 단단하고 둥근 그림자를 드리운다.

중요한 것은 첫 번째 이른 서리가 내린 밤 이후 죽어버린 꽃밭의 슬픈 모습이고, 숲 속 너도밤나무 줄기에서 다람쥐들이 노는 모습이며, 이전 치료 때 두세 번 만났던 오래된 요양객들과의 재회이다. 몇몇은 내가 누구인지 알고 대화하는 사람들이고, 다른 이들은 단지 서로 얼굴만 알 뿐이지만 그들도 나에게 많은 것을 말해준다. 특히 아직 젊은 한 외국인 여성은 병으로 다리를 쓰지 못해 누워지내며 식사 시간에는 들것에 실려 들어오는데, 나는 때때로 그녀가 간병인과 함께 아름답고 즐겁게 웃는 소리를 듣곤 한다. 이 여성에게서 중요한 것을 배울 수 있을 것 같다.

또 다른 중요한 것은 밤에 나를 찾아오는 꿈들이다. 아침이면 그 꿈의 대부분이 거의 남아 있지 않지만, 그 꿈에서는 항상 우리 영혼의 아름답고 어두운 왕국에 대한 경고가 들려온다. 그곳에서는 우리의 이성과 분주함의 세계보다 훨씬 더 대담하고 빛나는 경이로움이 무시되고 탐구되지 않은 채 일어난다.

아침에 깊고 색채가 풍부하며 생생한 꿈의 세계 속 여운을 채 느끼기도 전에 내 바람과는 반대로 우편물과 신문, 그리고 그에 딸린 모든 것들과 함께 하루의 일상이 나를 깨운다. 그럴 때면 나는 아주 깊고 어두운 어딘가에서, 여행을 시작할 때와 매우 비슷한 감정을 느낀다. 그것은 내가 고독과 몰입의 세계를 나에게 낯선 외부 세계의 문제들과 움직임의 세계로 바꿔야 할 때 느끼는 감정이다. 나의 세계는 거친 문제들과 무거운 과제들로 가득하지만.

여행을 계속 이어나가기 위해 아직 충분한 시간이 있지만, 서서히 내 생각은 앞으로의 여정에 대해 다시 관심을 두기 시작한다. 취리히와 바덴까지의 구간을 이미 지났다해도, 뉘른베르크로 여행하는 것은 그리 간단하지 않다.

당연히 나는 여기서 뉘른베르크까지 직선으로 달리는 어떤 급행열차에 그냥 앉지 않을 것이다. 그 사이에 나를 부르는 다른 의무들도 있기 때문이다. 무엇보다도 나는 일 년 전에 이미 서약을 했다. 다음 남독일 여행에서는 반드시 블라우보이렌Blaubeuren에 머물러야 한다고. 그곳에는 뫼리케의 소설에 등장하는 아름다운 라우Lau가 살았기 때문이다. 또 다른 소설에 등장하는 훗첼맨라인Hutzelmännlein, 페흐슈비처Pechschwitzer가 머물던 곳도 방문하고 싶다. 나는 페흐슈비처에게서 중요하고 아름다운 비밀들을 발견할 수 있으리라 생각한다.

게다가 몇 년 전 친구들과의 대화에서 나는 스트라스부르 대성당과 비교하면 울름 대성당은 별로 중요하지 않고 실망스럽다고 주장했었다. 그러나 한 시간 후, 집에서 침대에 누워 장난삼아 작게나마 정직함을 시험하며 그 대화를 기억 속에서 다시 떠올려보니, 어린 시절에 단 한 번 본 울름 대성당에 대해 나는 더 이상 명확한 기억이 없다는 것을 깨달았다. 그래서 나는 만약 내 여정이 울름 근처로 이끈다면 그곳에 들러 내 머릿속 대성당 이미지를 다시 정리하기로 결심했다.

울름 사람들은 그들의 도시에서 내 시를 낭독해달라고 초대함으로써 이 일을 더 쉽게 만들어주었다. 나는 보통 이런 초대를 악마의 작업으로 여기고 이 년에 한 번 정도만 수락하는데도, 이 초대를 바로 수락했다. 바로 대성당 일 때문에, 그리고 페흐슈비처를 만날 수 있는 블라우보이렌이 근처에 있기 때문이다.

이제 나는 이 모든 것들을 향해 여행해야 한다. 그 실제 지리적 존재가 종종 의심스럽게 느껴지는 전설적인 블라우보이렌, 오래된 울름과 그 대성당, 도나우 강과 레흐Lech, 그리고 마침내 렙쿠헨Lebkuchen◆과 소시지, 고딕 양식 건물로 가득한 기이하고 오래된 뉘른베르크를 향해. 그리고 계속되는 여행이 가까워질수록, 나는 여행이 이미 끝나 있기를 더욱 바란다. 가끔 여행 걱정 속에서 나를 위로하는 것은 이미 항상 약한 건강 상태인 내가 다시 심각하게 아플 수 있다는 것이며, 그렇게 되면 뉘른베르크로 보내는 취소 전보가 순식간에 내 모든 걱정을 날려버릴 것이라는 생각이다.

◆ 독일의 전통적인 크리스마스 구움 과자로 뉘룬베르크의 렙쿠헨이 유명하다.

짐 꾸리기

여행이라는 오래된 방식

또다시 내 작은 호텔 방에서 가방을 열어놓은 채 무릎 꿇고 있다. 몇 번째인지 하느님만이 아실 일이다. 가방 안에 넣어야 할 온갖 물건들 사이에서 나는 우유부단하게 고민하다가 문득 이 귀찮은 일에 불쾌해졌다. 어차피 제대로 되지 않을 게 뻔했다.

항상 짐을 다 꾸리고 출발 직전이 되어서야 사용한 속옷이 가득한 서랍이나 잠옷, 책 더미 같은 것들이 남아 있는 걸 발견하게 된다. 그러면 호텔 직원에게 포장지와 끈을 부탁하거나 상자를 요청해야 했다. 결국은 소포를 보내거나 여행 중 보기 싫은 짐 꾸러미와 씨름해야 한다.

나는 세 번째로 징 박힌 신발 한 켤레를 손에 쥐었다. 이 신발은 습관처럼 매번 여행에 챙겨왔지만, 이곳에 머무는 몇 주 동안 한 번도 신지 않았다. 튼튼한 밑창이 있어 시골 집에서는 항상 이런 신발을 신지만, 여기서는 필요 없었다. 이 신발은 마룻바닥을 긁고, 대리석 계단에서는 미끄러져 넘어지게 한다. 이 신발을 신고 가려 했던 숲과 산길 산책은 전혀 하지 않았다. 사람이 나이 들고 게을러지면 다리도 아파오는 법이다. 마지못해 신발을 신문지로 싸고, 가방 구석에 고정시키기 위해 낡은 속옷을 옆에 넣었다. 그런데 이 꾸러미가 가방 자물쇠에 걸려 자물쇠가 약간 흔들리기 시작했다.

착한 가방아, 너는 얼마나 자주 짐으로 가득 채워졌다가 또 비워졌던가. 얼마나 많은 기차와 마차, 배 위에서 내 물건들을 날라다 주었던가. 나는 너를 인도 여행을 위해 샀었지. 그때 너는 '선실용 가방'이란 멋진 이름을 가졌고, 새롭고 아름다운 물건들로 가득 차 있었다. 새 컬러 셔츠들, 새 턱시도, 그리고 그 사이로 낡고 허름해져서 하나둘 떠난 것들.

인도에서 돌아올 때 네 상자 안에는 이국적인 기념품과 장난감이 가득했다. 수마트라의 바틱 천, 작은 청동상들, 단단한 목재로 만든 중국 장난감들, 상아와 흑단으로 만든 조각품들, 인도 항구의 사진. 그리고 원시림 강가와 납작한 보트에서 노를 젓는 말레이인들, 뾰족한 야자수 잎 지붕을 가진 수상 가옥을 찍은 사진도 있었다. 하지만 이제 그것들은 사라졌다. 선물로 주거나, 잃어버리거나, 깨졌거나…. 그때의 예쁘고 새하얗던 셔츠들이 이제는 넝마가 된 것처럼. 좋은 가방아, 네가 나를 위해 내 책들을 얼마나 많이 세계 곳곳으로 끌고 다녔던가.

오늘도 내 물건들 속에는 책들이 있다. 그중 하나는 오래된 책으로, 이 가방을 들고 처음 여행을 떠났을 때부터 함께 한 책이다. 반면 다른 책들은 여행을 떠날 때마다 바뀌어 왔다. 이번 여행에서 내가 가져갈 가장 멋진 책은 루돌프 빈딩Rudolf Binding♦의『선별된 시집』으로, 품격 있는 책

♦ 독일 시인, 소설가.

이다. 하인리히 하우저Heinrich Hauser♦의 『바다 위의 천둥』도 기법에 있어 약간의 교활함에도 불구하고 만족스럽다. 그는 시각적인 장면에서 만족스러운 표현을 찾아내는 뛰어난 묘사가다. 하지만 그가 이야기꾼인지는 이 흥미로운 책만으로는 알 수 없다.

하지만 나는 여전히 신발과 씨름 중이다. 이 신발이 지금 눈앞에 보이는 게 못마땅하다. 이 신발은 나를 일깨우고, 죄책감을 불러일으킨다. 한때 나는 방랑자였다. 짐은 가볍게 꾸려 여행을 떠났고, 많이 걸었다. 나는 그것을 좋아했다. 오늘날 기계의 영향권에서 벗어날 수 없는 여행보다 세상을 대하는 나의 태도에 더 잘 맞았다.

지금 내가 만약 남쪽 마을 집에 있다면, 내일 당장 이 신발을 신고 가파르고 돌이 많은 숲길을 따라 호수 계곡으로 내려가 건너편의 아름다운 장밋빛 산 위로 올라갔을 테다. 그 꼭대기에는 마리아 예배당이 있다.

하지만 여기서는 쓸모없는 오래된 등산화들. 단지 자리

♦ 독일 작가, 언론인.

만 차지한 채 나에게 다른 시절을 떠올리게 할 뿐이다. 더 나은 기분이었던 시절, 더 젊고 건강한 발로 다니던 시절을. 너희는 나에게 과거만이 아니라 매일 새롭게 떠오르는 것을 상기시킨다. 내 삶의 투쟁과 도피를.

내 모든 방랑과 모든 여행은 사실 도피였다. 그것은 대도시 사람들이나 세계 여행자들의 도피가 아니고, 자기 자신으로부터의 도피도 아니다. 내면에서 외부로의 영원한 도피도 아니다. 오히려 정반대에 속한다. 나는 이 시대로부터 벗어나려 했다. 기술과 돈의 시대, 전쟁과 탐욕의 시대로부터. 이 시대는 어쩌면 매혹적이고 위대했을지도 모른다. 하지만 내 안의 가장 고귀한 감정으로는 그것을 받아들이거나 사랑할 수 없다. 다만 겨우 견뎌낼 뿐이다.

그렇기에 이 신발이 일깨우는 것이 내게 그토록 치명적인 것이다. 나는 진작에 알았다. 공간적 도피, 등산화를 신고 걷거나 기차와 배를 타고 가는 것이 나를 목적지로 데려가지 못한다는 것을. 그것들은 이 시대에서 나를 벗어나게 하지 못한다. 그럼에도 나는 오늘날까지도 여행이라는 오래된 방식을 다시 시도한다. 다른 방법이 있음에도 때로는 체념으로, 때로는 유머로, 때로는 죄책감으로 여행을 떠난

다. 하지만 다행히도 자신의 시대와 갈등을 겪는 사람에게
는 다른 수단도 마련되어 있다. 시대로부터의 도피 외에도
시대에 맞서는 투쟁이 있다. 시인이 장군과 은행가, 기술
자, 영혼의 계산기에 대해 항의하는 것. 오늘날 '삶'이라 부
르는 것의 야만성과 빈곤함에 대한 마음의 저항.

오늘날 유럽의 극소수 시인들 중에 그들 작품이 근본적
으로 이런 항의가 아닌 경우를 한 번도 본 적이 없다. 그들
작품은 시대의 고통이라는 토대 위에 서 있다. 그 무리 중
에서도 선두에는 크누트 함순이 있다. 그는 우리의 오랜 형
제로 순록처럼 고집이 세고 수줍으면서도, 눈빛은 숲과 바
다로 가득하다. 동시에 도시와 기계, 소총, 대포에 대한 저
항과 증오로도 가득하다.

이번 여행은 내가 의무적으로 떠나는 여행이다. 몇 차
례 강연을 하기로 약속했기 때문이다. 물론 마인 강 이남의
꽤 괜찮고 아름다운 지역에서만 할 것이다. 왜냐하면 누구
도 내게, 단지 문학을 위해 와인이 나지 않는 지역으로 여
행하라고 요구할 수는 없으니 말이다. 하지만 이런 여행들
도 결국은 도피의 치명적인 성격을 지니고 있다. 기껏해야

이 여행들은 내게 유머를 가르치는 스승이자 안내자가 되어줄 것이다. 그리고 나중에는 시골 생활과 고독을 두 배로 맛보게 해줄 것이다.

쓸데없는 생각은 그만두자. 차라리 모든 딱딱하고 뾰족한 물건들 사이의 틈새를 채우는 데 집중해야 한다. 양모 스웨터가 내 손에 잡혔다. 틈새를 채우기에 아주 적합하다. 하지만 이 역시도 쓸데없는 짐이 될 것이다. 나는 이 스웨터를 절대 입지 않겠지. 그럼에도 언젠가 겨울 여행에서 악마 같은 추위를 만날 수도 있다. 그때가 되면 이 스웨터가 있어 다행이라 생각할 것이다. 그리고 예전 겨울 여행에서는 늘 이 스웨터를 챙겼다. 그때는 스키 양말과 두꺼운 방수 스키 부츠도 항상 함께였다.

이 오래된 스웨터에는 내게 백 가지 좋은 기억을 매달고 있다. 이 소박한 회색 양모는 내 안에 산바람, 눈, 푄 바람, 옅은 햇살 가득한 숲속의 전나무와 잣나무 수지樹脂, 여우 발자국, 그라우뷘덴과 베르너 오버란트에서의 여행 중 배고픈 아침 식사의 기쁨을 담은 냄새를 풍긴다. 내 안에 남겨진 수많은 좋은 추억과 감사한 생각들이 회색 양모 안에 담겨 있다.

중세의 가장 아름다운 기사 소설 중 하나인『로허와 말
러』의 한 장면이 떠오른다. 독일 출신의 젊은 기사가 동방
의 먼 나라에서 포로가 되어 굶주림과 질병에 시달리고 있
을 때, 그나마 남아 있는 유일한 물건인 자신의 셔츠에게
말을 거는 장면이다. 그 셔츠는 이미 누더기가 되어가고 있
었지만, 그는 고향에서의 좋은 기억을 떠올리며 "오, 셔츠
여. 내 셔츠여!"라고 비통하게 외친다. 이국의 고통속에서
아름다운 과거의 기억이 그를 위로한다.

내 셔츠 중에도 이런저런 슬픈 기억을 떠올리게 하는
것들이 있다. 오늘날에는 그저 형편없는 물건만 살 수 있
다. 나는 내가 가진 물건을 좋아한다. 무심하게 감정 없이
헤어지지 않는다. 나는 그들에게 충실하고 오래도록 간직
하려고 노력한다. 빨리 닳아 찢어진 셔츠와 망가진 신발,
거의 읽지 않은 책을 무관심하고 애정 없이 버리는 화려한
몸짓을 배우지 않았다. 나는 뒤처진 사람이다. 시대의 감
각에서 멀어졌고 심지어 전쟁 중에도, 위대한 시대에도 기
쁨을 느끼지 못했다. 이제 그만하자. 오늘은 이 신발과 옷
가지들을 그냥 내버려두도록 하자. 호텔 직원을 불러 짐을

꾸려달라고 부탁해야겠다.

　나는 밖으로 나가 도시를 거닌다. 가방 열쇠는 호텔 직원에게 맡겼다. 내일은 취리히에서 〈돈 후안〉을 볼 것이다. 여드레 후에는 슈투트가르트에서 내가 어린 소년이었을 때 처음으로 몰래 담배를 피웠던 장소를 다시 찾을 것이다. 그리고는 프랑크푸르트에서 반 고흐의 「가셰 박사의 초상」과 바르톨로메오 다 베네치아Bartolomeo da Venezia가 그린 「꽃의 여신으로 묘사된 젊은 여인의 이상적 초상」을 다시 보게 될 것이다. 그곳에서 내 친구들이 라인 와인을 꺼내 주기를, 수년간 잊고 지냈던 그 맛을 다시 느끼게 되기를 바란다.

　이제는 우리 자신을 흘러가게 두자. 삶이라는 흐름 위에서, 다시 물결에 몸을 맡기듯 표면의 흐름 속으로 천천히 스며들자. 나는 일부러 활기찬 걸음을 내디디며 마치 만족한 사람인 척 연기했다. 어쩌면 먼 나라에서 탕자蕩子◆가 그랬던 것처럼.

◆ 신약성경 누가복음 15장의 등장하는 탕자는 아버지의 재산을 받아 먼 나라에서 방탕하게 살다가 모든 것을 잃고 궁핍해진 후 결국 아버지에게 돌아간다.

1928

한때 뷔르츠부르크에서

죽지 않는 영혼

시인들이 살아간 도시들이 있다. 바이마르Weimar 같은 곳이 그렇다. 그런 도시를 거닐다보면 현관문 위에 붙어 있는 괴테Goethe, 비란트Wieland, 헤르더Herder와 같은 기념 명판들을 만나게 된다. 그러다 문득 깨닫게 된다. 이 시인들 모두 이 도시에서 생을 마감했지만, 단 한 명도 이 도시에서 태어나지 않았다는 사실을. 반면 슈투트가르트에 머무르다 인근의 마을들을 방문하면 전혀 다른 인상을 받게 된다. 그 마을들에서 태어난 시인의 이름만 적어도 공책 여러 페이지는 금방 채워질 정도다.

만약 내가 미래의 시인이어서 지금 내 출생지를 고를

수 있다면, 나는 마인강의 뷔르츠부르크Würzburg를 진지하게 고민해볼 것이다. 이 아름다운 도시는 그곳에서 태어난 시인에게 무언가를 선물해줄 수 있을 것 같은 인상을 주고 있다.

숙소에서 나와 산책하다 보니 어느새 도시의 가장 큰 건물인 레지덴츠Residenz◆에 다다랐다. 넓은 광장이 고요하게 펼쳐져 있고, 멀리 뒤쪽으로는 궁전 정문이 기다리고 있었다. 얼핏 보이는 철문들이 그곳에 정원이 있음을 말해주는 듯했다. 하지만 나는 낯선 도시에서 곧장 유명한 장소로 향하고 싶지 않았다. 이미 책과 그림에서 오래전부터 익숙한 곳은 나중으로 미루고 싶었다. 그래서 레지덴츠는 일단 남겨두고, 다시 도시 안쪽으로 발길을 돌렸다.

곧 나는 이 도시가 친근하고 풍요로운 기운을 품고 있다는 것을 알아차렸다. 여기서는 인간의 물질적 욕망이 인색하고 금욕적으로 다루어지지도, 오만하게 숨겨지지도

◆ 1744년 완공된 바로크 양식의 뷔르츠부르크 궁전.

않는다. 아니다, 이곳에서는 어디서나 빵과 치즈, 소시지
와 생선 냄새가 가득하게 풍기고, 많은 상점과 가판대에는
이런 먹을거리들이 풍부하고 아름답게 진열되어 있다. 다
양한 모양의 빵과 브레첼, 크루아상이 있었고 여러 크기와
색상의 소시지들이 있다. 그 사이로 노점과 시장 테이블에
선 유쾌하고 부드러운 정물화처럼 채소와 과일이 빛나고
있다. 아름답고 정감 있는 식당 간판들이 걸려 있고, 열린
상점 문에서는 커피와 담배 향이 은은하게 풍겼다. 지하실
문틈으로는 와인 향이, 교회 문에서는 향냄새가 퍼졌다.

이곳은 북부 지방처럼 금욕적이거나 추상적이지 않고,
남부 지방처럼 가톨릭적이고 온화하다. 굶주린 금욕주의
도, 탐욕스러운 쾌락 추구도 지배하지 않고, 조화로운 삶
의 기쁨이 도시 곳곳에 살아 숨 쉬고 있다. 이 도시 사람들
은 여전히 빵집, 생선 가게, 양초 만드는 사람에게서 필요
한 것을 사는 기쁨을 누린다. 여러 상점에서 친밀하게 서로
알고 지내는 장인과 판매자들에게서 물건을 사고, 잠시 수
다를 나눈다. 독감 소식이나 아이들의 학교 생활, 지난 가
축 시장에 대한 사소한 일들이 오간다.

나는 천천히 골목과 광장을 돌아다녔다. 멋진 골목들, 놀라운 광장들이었다. 고딕 양식의 교회들은 섬세하고 우아한 첨탑으로 밝은 아침 하늘을 찌를 듯 솟아 있었고, 예스러운 민가들이 길가에 아름답게 서 있었다. 그것들은 부유한 얼굴로 자신을 잘 유지하고 있었으며, 그늘진 분수대 위로는 생기 넘치는 바로크 조각상 무리가 푸른 하늘을 향해 우아하게 뻗어 있었다.

어떤 골목에서는 거의 모든 현관 위와 가로등 아래마다 성모상이 하나씩 있었다. 이 쾌적한 도시에서 내가 잘 알 수 있듯이, 사람들은 마리아를 무척이나 사랑하고 있었다. 사람들은 그녀에게 기도만 하는 것이 아니라, 마치 집안의 식구처럼 집에 두고 친근하게 대하며 그녀를 가족 중 하나로 여기고 농담도 함께 나누었을 것이다. 그곳에는 조각되거나 주조된, 혹은 새겨지거나 그려진 많은 성모상이 있었다. 고딕 양식의 경건한 것부터 바로크 시대의 통통한 형체, 우울한 15세기의 것과 18세기의 까칠한 것까지. 크고 작은 것, 색깔이 있는 것과 금박이 입혀진 것, 투박한 시골풍의 것과 세련된 것, 귀부인 같은 것과 우상 같은 모습까지 다양했다. 이 즐거운 도시는 그들의 그늘과 보호 아래 살았고, 나 역시 그 기쁘고 경건한 그늘에서 햇살 가득한 여행을 이어갔다.

　시원하고 축축한 돌과 물 냄새가 나는 작은 광장의 시장에서 물고기를 발견했다. 우물가의 물통과 통 안에 마인강에서 잡아 온 물고기들이 있었다. 살찐 잉어와 마른 강꼬치고기, 어둡고 신비로운 장어들과 몽상적이고 미끄러운 잉어들이 아름다운 황금빛 눈으로 멍하니 갇혀 있었다. 너무 얕고 진한 물속에 포로처럼 갇힌 채로. 사랑스럽고 조용한 형제들이여, 나는 갇힌 물고기들에게 인사를 보낸다. 나는 알고 있다. 포로가 되어 자기 세계에서 떨어져 나와 이방인의 공기 속에 갇히는 게 어떤 기분인지. 그 공기가 숨을 틀어막고 밝은 빛조차 죽음을 의미한다는 것을 나는 알고 있다.

　뚱뚱한 상인의 손에 잡힌 고귀한 물고기는 아마도 잉어였을 것이다. 그 물고기는 갑자기 내 눈앞에서 한낮의 빛을 받으며 떠올랐다. 황금빛의 슬픈 눈을 가진 그 물고기는 절망적인 움직임으로 미끄러져 나와 젖은 돌바닥 위로 반짝이며 뛰어올랐다. 나는 그곳에서 도망쳤다. 여기가 어시장이라면, 마인강이 그리 멀지 않을 것이다. 습기와 무게의 느낌, 물의 신과 물고기들의 유혹에 나를 맡겼다. 그리고 정말로 어두운 통로를 지나니 저편에 마인강이 흐르고 있었다. 하지만 그곳은 습하고, 어둡고, 탁하고, 물고기 냄새가 나는 곳이 아니라 반짝이는 빛으로 가득한 밝은 공간이었다. 넓고 푸르른 강은 은빛 물결로 반짝였고, 그 위에는 아름다운 다리가 놓여 있었다. 다리 위에는 성인상이 서 있었고, 그 그림자들이 물 위로 길게 드리워졌다. 강변은 돌이 높게 쌓여 있었고, 햇살과 반짝이는 잔물결뿐만 아니라 예상치 못한 강렬한 색채의 소란도 나를 맞이했다.

축제가 벌어지고 있었다. 시장이 서고, 저녁을 기다리며 가판대들이 강변을 따라 길게 늘어서 있었다. 백조와 말이 있는 회전목마, 바이킹, 흰색과 빨간색 줄무늬 차양을 단 사탕 가판대, 그리고 박물관과 마술 전시관의 강렬한 광고용 그림들, 아름답고 야생적인 풍경들, 대담하게 창조된 상상의 동물들, 그리고 야생적이고 흩날리는 머리를 한 낭만적인 소녀나 요정들까지. 그 세계는 나를 다시 예술과 문화의 세계로 끌어들였다.

나는 이런 대중적인 예술 작품을 기꺼이 연구하고, 성당과 성모상에 대해 미술사학자들이 시도하는 것과 같은 양식으로 비평적 분석을 적용한다. 루벤스 학파의 영향을 강하게 받은, 거의 날아다니는 듯한 화려한 사자를 발견했다. 이 작품은 근세 초에 그려진 훌륭한 학생의 작품으로 보였다. 하이에나와 분출하는 화산이 그려진 영웅적인 풍경화도 발견했는데, 중세 말기의 작품처럼 보이는 앙리 루소Henri Rousseau를 떠올리게 하는 스타일이었다.

이런 풍경으로 마음이 풍요로워진 나는 천천히 다리를 건넜다. 다리 너머에는 사랑스러운 식당 간판들이 줄지어 있었고, 구운 생선이 준비되어 있음을 알려주었다. 나는 자그마한 가게에서 시가 한 대와 엽서 한 장을 샀다. 그러고는 가게 주인과 오랫동안 대화를 나누게 되었다. 그는 성격이 세고 다소 단순화된 정치적 신념을 가진 능력 있는 사람이었다.

이후 나는 한적한 골목을 산책하다 교회의 뒷문에 이르렀다. 안으로 들어가니 내부는 풍성하게 장식되어 있었고, 기둥과 제단 곳곳에서 금빛 장식이 빛나고 있었다. 한 제단 앞에는 유리장이 놓여 있고, 그 안은 아름다운 색으로 반짝였다. 빛의 조각들 사이로 어렴풋한 형상과 나를 향한 손짓이 느껴졌다. 어스름한 빛 속에서 조심스럽게 다가가 니, 유리 너머로 성모상이 보였다. 긴 눈꺼풀 아래 눈을 내 리깐 모습, 가늘고 우아한 손짓, 그리고 마치 고대의 공주 처럼 슬픈 아름다움을 지닌 성모상이었다. 나는 잠시 그 앞 에 조용히 머물렀다.

그녀는 마치 꿈결처럼 유리 상자 밖을 바라보고 있었 다. 우리의 세계에서 멀리 떨어져, 마치 다른 세계의 공기 가 필요한 존재처럼 보였다. 그 공기를 대신해 얇은 유리집 이 그녀를 감싸고 있는 것처럼 느껴졌다. 그녀의 우아함과 고귀한 꿈속은 오늘날 우리 인간보다 훨씬 더 정제된 어떤 감성이 깃들어 있었다. 하지만 어쩐지 그 유리 뒤에서 나는 물고기들, 나의 가엾은 형제들, 그들의 푸르스름한 은빛 비 늘, 슬픈 황금빛 눈동자, 통 속에 갇힌 그들의 모습, 붉은 뺨 을 가진 어부와 아낙들과 축축한 돌 사이에서 그들이 조용 한 고통으로 죽어가는 모습을 떠올렸다.

그렇게 지나치게 섬세한 손가락과 고통스럽도록 아름 다운 눈꺼풀을 가진 성모상은 조용히 앉아 침묵하고 있었다. 유리 상자 안, 이 세기의 한가운데에서 가짜 삶을 살고 있으면서도 그녀는 우리를 위로했다. 우리 안의 섬세하고 병약한 감각을 다시 불러일으켰다. 그녀는 그 감각의 상징이었고, 그 감각은 오늘날 우리 시대에서는 사라져가는 무엇처럼 보였다. 마치 죽음 선고를 받은 것처럼.

하지만 영혼은 죽지 않는다. 고귀한 색채의 꿈속에서 조용히 스러지며 먼 시대의 경건한 형상을 한 채 유리 상자 뒤로 피신한다. 유리 상자 너머에서 고통받는 생명들에게 수줍게 자매처럼 말을 건넨다. 그 영혼은 계속 살아남는다. 전쟁도, 국가도, 기계도, 세계 제국들도 이 영혼만큼 오래 버티지 못한다. 그 모든 것 중 가장 오래된 것조차, 원초적 어머니 곁에 있는 아이에 불과하다.

그날 오후, 여러 이미지와 감정들로 가득 찬 채 나는 다시 레지덴츠 앞의 조용한 광장에 도착했다. 많은 아름다운 것들과 흥미로운 풍경들이 나를 거쳐 갔다. 그중 하나로 18세기 베네치아 학파의 조반니 바티스타 티에폴로Giovanni Battista Tiepolo가 그린, 약 백 미터에 달하는 프레스코화가 있었다. 또 다른 인상적인 것들도 있었지만, 그다지 중요하게 느껴지진 않았다. 그래서 서두르지 않았다.

거대한 성 뒤편에는 커다란 왕후의 정원이 나를 기다리고 있었다. 초록의 새싹이 가지마다 돋아났고, 수많은 참새가 그 사이에서 노래하고 있었다.

나는 벤치에 앉아 눈을 감았다. 내면의 이미지 속으로 몰입한 채, 새들의 목소리가 만드는 얇고 반짝이는 소리의 그물을 귀에 담았다. 무릎과 손에는 따뜻한 햇살이 내려앉았다. 그러자 내가 지금 어느 도시, 어느 세기에 있는지를 완전히 잊을 수 있었다. 이 여행이 내게 안겨준 수많은 좋은 것 가운데, 바로 이 순간, 모든 것이 멀어지고 아무것도 요구하지 않으며, 다만 존재할 수 있었던 이 고요한 순간이야말로 가장 나쁘지 않은 경험이었다.

혼자

세상에는
크고 작은 길이 수없이 펼쳐져 있지만,
그 끝은 모두 같은 곳에 닿는다.

말을 타고, 차를 타고,
둘이서, 혹은 셋이서도 함께 갈 수 있지만
마지막 한 걸음만은
오직 혼자 걸어야만 한다.

그러니 어떤 지식도 어떤 재능도
모든 어려운 일을
홀로 감내하는 것만큼 가치 있지 않다.

방랑을 위한 산책

헤르만 헤세가 걷고 보고 사랑했던 세계의 조각들

초판 1쇄 인쇄   2025년 4월 17일
초판 1쇄 발행   2025년 4월 28일

지은이   헤르만 헤세
편역자   김원형

펴낸이   이준경
책임 편집   김현비
책임 디자인   정미정
펴낸곳   지콜론북

출판등록   2011년 1월 6일 제406-2011-000003호
주소   경기도 파주시 문발로 242, 영진미디어 3층
전화   031-955-4955
팩스   031-955-4959
홈페이지   www.gcolon.co.kr
인스타그램   @g_colonbook

ISBN   979-11-91059-67-0 03190
값   18,500원